So macht Backen richtig Spaß

So macht Backen richtig Spaß

TOMUS VERLAG MÜNCHEN

Redaktion: Dr. Barbara Rias; Gestaltung: Helmut Mühlberger
Printed in Italy
ISBN 3-920954-01-7

Inhalt

Torten für Kenner und Könner

Kleinigkeiten mit Pfiff

Weihnachtlich duftet die Küche

Pikantes zum Wein

Wenn Sie zu den Glücklichen gehören...

...denen noch nie ein Biskuit sitzen geblieben ist, die noch nie einen sogenannten Hustenkuchen fabriziert haben und noch nie verzweifelt vor einem Blech mit verkohlten Plätzchen gestanden sind, dann sollten Sie dieses Buch – trotzdem durchblättern. Auch als erfahrene Hausfrau werden Sie darin Tips und Anregungen finden, wie Sie Ihren Lieben den Sonntagskaffee, Festtage oder ganz gewöhnliche Tage mit raffiniertem Gebäck versüßen können. Reizt es Sie nicht, Ihren Gästen zum gemütlichen Weinabend statt der üblichen Salzstangen mal ein paar Leckereien frisch aus dem eigenen Backofen anzubieten? Läuft Ihnen nicht selbst schon das Wasser im Munde zusammen, wenn Sie die vielen herrlichen Farbfotos, die unsere Fotografen für Sie geschossen haben, betrachten? Dann machen Sie die Probe aufs Exempel: Es müssen ja nicht immer Blumen sein, die man einem Geburtstagskind in die Hand drückt. Eine selbstgebackene, fantasievoll verzierte und zudem noch köstlich schmeckende Torte kann viel größere Wirkung erzielen! Oder stellen Sie sich die Augen Ihrer Kinder vor, wenn am Heiligen Abend ein Hexenhäuschen auf dem Gabentisch prangt!

Aber nicht nur an alte Hasen wendet sich unser Buch, sondern auch an junge Hausfrauen. Backen ist zwar eine Kunst, doch gottlob eine, die sich erlernen läßt. Und vor allem: Backen macht Spaß! Bevor Sie sich aber so richtig ins Vergnügen stürzen, sollten Sie unser Back-ABC aufschlagen. Daß Safran den Kuchen »gehl« macht, wissen Sie bereits. Wissen Sie aber auch, welches Gebäck sich zum Einfrieren eignet? Wie man Kumquats und andere exotische Früchte zu Glanzstücken des Obstkuchens macht? Wie man moderne Geister (sprich: elektrische Rührgeräte) auch wirklich zu dienstbaren Geistern macht? Zeitsparend arbeiten und dennoch die besten Ergebnisse erzielen – das ist unsere Devise. Und wenn Ihr Mann bisher der Meinung war, nur beim Konditor könne man auf Nummer Sicher gehen: Spätestens nach dem ersten Stück Ihrer rundum gelungenen Prinzregententorte, des saftigen Apfelkuchens oder der lockeren Käsesahne-Torte, wird er Ihre (neu erworbenen) Backkünste zu schätzen wissen. Auch eventuelle Vergleiche mit Mutters Küche erübrigen sich von diesem Zeitpunkt an...

Bitte beachten Sie, daß die Backzeiten bei unseren Rezepten nur Circa-Angaben sind, die Sie individuell auf Ihren Herd abstimmen müssen. Machen Sie die »Stäbchenprobe« (siehe Seite 119). Wenn nicht anders vermerkt, haben wir Backformen folgender Größen verwendet: Springform: 26 cm Durchmesser, Napfkuchenform: 24 cm Durchmesser, Kastenform: 30 cm Länge.

Aus Großmutters Backbuch

Großmutters Quarkkuchen

125 g Butter oder Margarine,
125 g Zucker,
abgeriebene Schale von
1/4 Zitrone,
1/2 Päckchen Vanillinzucker,
einige Tropfen Rum-Aroma,
2 Eier,
250 g Magerquark,
350 g Mehl,
1 Päckchen Backpulver,
ca. 1/8 l Milch,
100 g Rosinen,
Puderzucker zum Bestreuen

Das Fett schaumig rühren. Zucker, Gewürze und Eier nach und nach zugeben. Quark untermischen und alles zu einem glatten Teig verarbeiten. Mehl mit Backpulver mischen. Eßlöffelweise abwechselnd mit der Milch unter den Teig geben. Gut verrühren. Dann die Rosinen unterheben und den Teig in eine gefettete Kastenform füllen.
Die Form in den vorgeheizten Ofen auf die untere Schiene stellen und den Kuchen bei 180° in etwa 70 Minuten backen. Auf einem Kuchengitter auskühlen lassen und mit Puderzucker bestreut servieren.

Marmorkuchen

250 g Butter oder Margarine,
250 g Zucker,
1 Päckchen Vanillinzucker,
1 Prise Salz,
abgeriebene Schale von
1/2 Zitrone,
3–4 Eier (je nach Größe),
500 g Mehl,
1 Päckchen Backpulver,
ca. 1/8 l Milch, 3 El Kakao,
2 El Rum, 1 El Milch,
Puderzucker zum Bestreuen

Fett schaumig rühren, nach und nach Zucker, Gewürze und Eier unterrühren. Das Mehl mit Backpulver mischen und eßlöffelweise abwechselnd mit 1/8 l Milch zufügen. Vorsichtig untermischen. Der Teig muß schwerreißend vom Löffel fallen. Eine gefettete Napfkuchenform mit zwei Dritteln des Teiges füllen. Restlichen Teig mit Kakao, restlicher Milch und Rum verrühren. Auf dem hellen Teig verteilen.
Den Kuchen in den vorgeheizten Ofen auf die untere Schiene stellen und bei ca. 180° etwa 90 Minuten backen. Nach dem Erkalten dick mit Puderzucker besieben und zum Nachmittagskaffee servieren.

Gewürzkuchen

150 g Butter,
200 g Zucker,
1 Päckchen Vanillinzucker,
1 Prise Salz,
3 Eier,
abgeriebene Schale von
½ Zitrone und ½ Orange,
je 1 Tl geriebene Muskatnuß
und gemahlene Nelken,
2 gestrichene Tl Zimt,
1 El Rum, 30 g Kakao,
300 g Mehl,
75 g Speisestärke,
3 Tl Backpulver,
Milch,
Puderzucker zum Bestreuen

Butter mit Zucker schaumig rühren, nach und nach Eier, Vanillinzucker, Salz, Rum, Orangen- und Zitronenschale und die Gewürze zugeben. Mehl mit Speisestärke, Backpulver und Kakao mischen und eßlöffelweise unterrühren. Soviel Milch zugeben, daß der Teig schwerreißend vom Löffel fällt. Teig in eine gefettete Kastenform füllen und im vorgeheizten Ofen auf der unteren Schiene bei 180° etwa 60 Minuten backen. Aus der Form lösen und nach dem Erkalten mit Puderzucker bestreuen.

Zwetschen-Nudeln

500 g Mehl, 30 g Hefe,
50 g Zucker,
¼ l lauwarme Milch, 1 Ei,
160 g Butter, 1 Prise Salz,
abgeriebene Schale von
1 Zitrone,
ca. 500 g reife Zwetschen,
ca. 80 g Zucker

Mehl in eine Schüssel geben, in die Mitte eine Mulde drücken. Hefe mit etwas Zucker und Milch darin verrühren. Zugedeckt 15 Minuten gehen lassen. Zukker, Milch, Ei, 60 g weiche Butter und Gewürze zugeben und alles zu einem glatten Teig verarbeiten. 30 Minuten gehen lassen. Nun daumendick ausrollen, 8 cm große Quadrate ausschneiden, jedes davon mit 1–2 entsteinten Zwetschen belegen und mit Zucker bestreuen. Zusammenklappen und rundherum mit flüssiger Butter bestreichen. In eine gefettete Springform legen. 20 Minuten gehen lassen. In den vorgeheizten Ofen (untere Schiene) stellen und bei 200° etwa 30 Minuten backen.

Sandkuchen

250 g Butter,
175 g feiner Zucker,
1 Päckchen Vanillinzucker,
abgeriebene Schale von
½ Zitrone,
1 Prise Salz,
einige Tropfen Rum-Aroma,
4 Eier,
125 g Mehl,
125 g Speisestärke,
½ Tl Backpulver,
1 Becher Schokoladen-kuvertüre

Butter zerlassen (sie darf nicht bräunen!) und wieder abkühlen lassen. Zucker und Gewürze zugeben und rühren, bis die Masse weißschaumig ist. Eier einzeln unterschlagen. Mehl mit Speisestärke und Backpulver mischen und eßlöffelweise unterrühren.
Den Teig in eine gefettete, mit Pergamentpapier ausgelegte Kastenform füllen. In das vorgeheizte Rohr auf die untere Schiene stellen und den Kuchen bei 175° etwa 75 Minuten backen. Erkalten lassen. Kuvertüre im Wasserbad schmelzen und den Kuchen damit überziehen.

Gesundheits-kuchen

200 g Butter oder Margarine,
180 g Zucker,
1 Päckchen Vanillinzucker,
abgeriebene Schale von
½ Zitrone,
einige Spritzer Arrak-Aroma,
4 Eier,
500 g Mehl,
1 Päckchen Backpulver,
ca. ⅛ l Milch

Fett schaumig rühren, Zukker, Gewürze und nach und nach die Eier zugeben. Rühren, bis sich der Zucker gelöst hat. Mehl mit Backpulver mischen und abwechselnd mit der Milch unter den Teig geben. In eine gefettete Napfkuchenform füllen. Den Kuchen in den vorgeheizten Ofen auf die untere Schiene stellen und bei 180° etwa 1 Stunde backen.

Butterkuchen

500 g Mehl, 30 g Hefe,
125 g Zucker,
1 Prise Salz,
¼ l lauwarme Milch,
125 g Butter;
für den Belag:
150 g Butter,
100 g Zucker,
1 Tl Zimt,
100 g Mandelblättchen

Mehl in eine Schüssel geben, in die Mitte eine Mulde drücken. Hefe mit etwas Zucker und Milch in der Mulde verrühren. Zugedeckt etwa 15 Minuten gehen lassen. Restlichen Zukker, Butter und restliche Milch sowie Salz zugeben und alles zu einem glatten Teig schlagen. 30 Minuten gehen lassen. Ein gefettetes Kuchenblech mit dem Teig auslegen, Teig 30 Minuten gehen lassen. Den Teig mit Butterflöckchen (150 g) belegen. Zucker, Zimt und Mandelblättchen mischen und darüberstreuen. In den vorgeheizten Ofen auf die mittlere Schiene schieben und bei 220° etwa 25 Minuten backen. Nach dem Erkalten in Stücke schneiden und servieren.

Mokka-Kuchen

250 g Zucker, 6 Eier,
3 gehäufte El feingemahlener Kaffee,
4 El kochendes Wasser,
100 g geriebene, ungeschälte Mandeln,
50 g gehackte Haselnüsse,
50 g gehackte Rosinen,
25 g gehackte Feigen,
50 g geriebene Schokolade (Zartbitter),
100 g Speisestärke,
½ Päckchen Backpulver

Kaffee mit kochendem Wasser überbrühen und etwas abkühlen lassen. Eier trennen, Eigelbe mit dem Kaffee und 100 g Zucker schaumig schlagen. Eiweiß steif schlagen, dabei den restlichen Zucker einrieseln lassen. Auf die Eigelbcreme geben. Die übrigen Zutaten mischen, locker auf den Eischnee streuen und vorsichtig unterheben. Teig in eine gefettete, mit Pergament ausgelegte Springform füllen und im vorgeheizten Ofen auf der unteren Schiene bei 180° etwa 60 Minuten backen.

Margarethen-Kuchen

4 Eier, 8 Eigelbe,
300 g feiner Zucker,
1 Päckchen Vanillinzucker,
3 El Zitronensaft,
einige Tropfen Arrak-Aroma,
abgeriebene Schale von
1 Zitrone, 1 Prise Salz,
200 g Mehl,
100 g Speisestärke,
1 Tl Backpulver,
100 g Butter,
250 g Puderzucker,
3 El Zitronensaft, 1 El Rum,
Cocktailkirschen zum
Garnieren

Eier, Eigelbe, Zucker, Vanillinzucker, Zitronensaft und -schale, Arrak-Aroma, Salz, das mit Speisestärke und Backpulver gemischte Mehl und die weiche Butter in dieser Reihenfolge zu einem geschmeidigen Teig verrühren. Teig in eine gefettete, mit Mehl bestäubte Napfkuchenform füllen und im vorgeheizten Ofen auf der unteren Schiene bei 200° etwa 50 Minuten backen. Puderzucker mit Zitronensaft und Rum verrühren und den erkalteten Kuchen damit überziehen. Mit Cocktailkirschen garnieren.

Rohrnudeln

500 g Mehl,
30 g Hefe,
50 g Zucker,
¼ l lauwarme Milch,
1 Ei, 1 Prise Salz,
abgeriebene Schale von
1 Zitrone,
160 g Butter

Mehl in eine Schüssel geben, in die Mitte eine Mulde drücken. Hefe hineinbröckeln, mit etwas Zucker und Milch verrühren. Zugedeckt 15 Minuten gehen lassen. Restliche Milch, Zukker, Gewürze, Ei und 60 g weiche Butter zugeben. Alles mischen und den Teig so lange schlagen, bis er Blasen wirft. 30 Minuten gehen lassen. Auf einer bemehlten Arbeitsfläche etwa 3 cm dick ausrollen und in 8 cm große Quadrate schneiden. Die Rohrnudeln von allen Seiten mit zerlassener Butter bestreichen und nebeneinander in eine gefettete Springform setzen. Weitere 20 Minuten gehen lassen, dann in den vorgeheizten Ofen auf die untere Schiene stellen und bei 200° etwa 30 Minuten backen.

Mohnkuchen

500 g Mehl, 40 g Hefe,
ca. ¼ l lauwarme Milch,
1 Prise Salz,
80 g Zucker,
abgeriebene Schale von
1 Zitrone,
100 g Butter,
2 Eigelbe;
für die Füllung:
⅜ l Milch,
60 g Zucker,
1 El Honig,
½ Tl Zimt,
1 Messerspitze Nelkenpulver,
275 g gemahlener Mohn,
40 g Semmelbrösel,
je 50 g Rosinen und
gehacktes Orangeat,
50 g gemahlene Haselnüsse,
2 Eiweiß

Mehl in eine Schüssel geben, in die Mitte eine Mulde drücken. Hefe hineinbröckeln, mit wenig Milch und Zucker verrühren.
15 Minuten gehen lassen. Restlichen Zucker, Eigelbe und Butter, restliche Milch sowie Gewürze zugeben und vermischen. Den Teig schlagen, bis er Blasen wirft. Zugedeckt 45 Minuten gehen lassen.
Milch mit Honig, Zimt, Zucker und Nelken aufkochen. Mohn einstreuen, aufkochen und etwa 2 Minuten kochen lassen. Semmelbrösel, Rosinen, Orangeat und Haselnüsse zugeben, gut verrühren und die Masse völlig abkühlen lassen. Dann das steif geschlagene Eiweiß unterziehen.
Ein Küchentuch mit Mehl bestäuben, den Teig darauf etwa ½ cm dick ausrollen. Die Füllung gleichmäßig auf den Teig streichen, diesen aufrollen und spiralenförmig in eine gefettete, mit Mehl ausgestreute Napfkuchenform geben. Zugedeckt noch einmal 30 Minuten gehen lassen.
Den Kuchen in den vorgeheizten Ofen auf die untere Schiene stellen und bei 180° etwa 60 Minuten backen. In der Form leicht abkühlen lassen, dann bis zum völligen Erkalten auf ein Kuchengitter stürzen.
Sie können den Mohnkuchen kurz vor dem Servieren dick mit Puderzukker übersieben.
Sehr gut schmeckt es auch, wenn Sie statt der Haselnüsse gemahlene Mandeln verwenden und 1 Eßlöffel Rum an die Füllung geben.

Hefezopf

500 g Mehl, 30 g Hefe,
50 g Zucker,
¼ l lauwarme Milch,
1 Ei, 1 Prise Salz,
abgeriebene Schale von
1 Zitrone,
60 g Butter,
1 Eigelb und
Butter zum Bestreichen,
100 g Aprikosenmarmelade,
2 El Rum

Hefeteig zubereiten, wie im Rezept »Rohrnudeln«, Seite 17, beschrieben. 30 Minuten gehen lassen. Teig dritteln und jedes Drittel zu einer Kugel formen, dann zu einem Strang. Die drei Stränge an einer Seite gut zusammendrücken und einen Zopf flechten. Auf ein gefettetes Backblech legen und zugedeckt noch einmal 20 Minuten gehen lassen. Mit Eigelb und zerlassener Butter bestreichen. Das Blech in den vorgeheizten Ofen auf die mittlere Schiene schieben und den Zopf bei 200° etwa 35 Minuten backen. Bestreichen Sie den fertigen Zopf noch warm mit Aprikosenmarmelade, die Sie mit dem Rum glattgerührt haben.

Rumkuchen

250 g Butter oder Margarine,
200 g Zucker,
1 Päckchen Vanillinzucker,
1 Prise Salz,
4 El Rum,
abgeriebene Schale von
1 Zitrone,
4 Eier,
500 g Mehl,
1 Päckchen Backpulver,
ca. 4 El Milch,
100 g Rosinen,
250 g Puderzucker,
3 Eiweiß,
2 El Rum

Fett schaumig rühren, nach und nach Zucker, Gewürze, Rum und Eier unterrühren. Mehl mit Backpulver mischen, abwechselnd mit der Milch eßlöffelweise zum Teig geben. Zum Schluß die Rosinen unterheben. Den Teig in eine gefettete Napfkuchenform füllen und in den vorgeheizten Ofen auf die untere Schiene stellen. Bei 180° etwa 90 Minuten backen. Noch warm mit folgender Glasur bestreichen: Puderzucker mit Eiweiß schaumig rühren, den Rum zugeben. Der Guß soll richtig in den Kuchen einziehen. Nach dem Erkalten servieren.

Nußrolle

1 Paket Backmischung für Hefeteig; für die Füllung: 300 g geriebene Haselnüsse, 75 g Zucker, abgeriebene Schale von 1 Zitrone, 1 El Rum, 4 Tropfen Bittermandel-Öl, 1 Eiweiß, ca. 4 El Milch; Butter zum Bestreichen; für den Guß: 100 g Puderzucker, 2 El Zitronensaft; Cocktailkirschen zum Garnieren

Hefeteig nach Anweisung zubereiten und gehen lassen. Dann auf einem bemehlten Küchentuch dünn ausrollen. Für die Füllung alle Zutaten verrühren und auf den Teig streichen. Teig mit Hilfe des Tuches aufrollen und auf ein gefettetes Backblech legen. 20 Minuten gehen lassen. Butter zerlassen, den Kuchen damit bestreichen und im vorgeheizten Rohr auf der mittleren Schiene bei 200° etwa 50 Minuten backen. Puderzucker mit Zitronensaft mischen und die abgekühlte Nußrolle damit bestreichen. Mit Cocktailkirschen garnieren.

Zitronenkuchen

200 g Butter oder Margarine, 250 g Zucker, abgeriebene Schale von 1½ Zitronen, 1 El Zitronensaft, 4 Eier, 1 Prise Salz, ca. ⅛ l Milch, 400 g Mehl, 100 g Speisestärke, 1 Päckchen Backpulver, 200 g Puderzucker, 1 El Orangenlikör, 1 El Zitronensaft, 1 El heißes Wasser

Fett mit Zucker schaumig rühren, Zitronenschale und -saft sowie Salz zugeben. Nach und nach die Eier unterrühren. Mehl mit Speisestärke und Backpulver mischen und eßlöffelweise unter den Teig rühren. Soviel Milch zugeben, daß der Teig schwerreißend vom Löffel fällt.
Den Teig in eine gefettete Kastenform füllen und den Kuchen im vorgeheizten Ofen auf der unteren Schiene bei 190° etwa 70 Minuten backen. Etwas abkühlen lassen und mit dem Guß aus Puderzucker, Orangenlikör, Zitronensaft und heißem Wasser überziehen.

Schokoladen-Kranz

250 g Zartbitter-Schokolade, 70 g Butter, 6 Eier, 100 g Zucker, abgeriebene Schale von ½ Orange, 125 g gemahlene Mandeln, 1 Tropfen Bittermandel-Öl, 100 g Speisestärke

Zerbröckelte Schokolade mit der Butter im Wasserbad schmelzen lassen. Eier trennen. Eigelbe mit Zukker, Bittermandel-Öl und Orangenschale schaumig rühren. Mandeln mit Speisestärke mischen und unterheben. Vorsichtig die abgekühlte Schokoladen-Butter-Mischung unterziehen. Zum Schluß das steif geschlagene Eiweiß unter die Masse ziehen. Den Teig in eine gefettete Kranzform füllen und im vorgeheizten Ofen auf der unteren Schiene bei ca. 190° etwa 40 Minuten backen. Erkalten lassen.
Servieren Sie den Schokoladenkranz zu Ostern und füllen Sie bunte Zuckereier in die Mitte.

Gewürzbrot

1 Paket Backmischung für Hefeteig, 100 g Zucker, 30 g Butter, 2 Eigelbe, ½ Tl gemahlener Kardamom, 250 g geriebene Mandeln, ¼ Tl gemahlene Nelken, 1 Tl Zimt, 3 El Milch, 50 g gehacktes Zitronat, 1 Eigelb zum Bestreichen, je 1 El Hagelzucker und gehackte Mandeln

Hefeteig mit den angegebenen Zutaten nach Vorschrift zubereiten und gehen lassen. Zucker, Butter und Eigelbe schaumig rühren. Gewürze, Mandeln, Milch und Zitronat zugeben. Teig auf einem bemehlten Küchentuch dünn ausrollen, Füllung daraufstreichen, aufrollen und auf ein gefettetes Backblech legen. Die Rolle mit einem scharfen Messer in Scheiben, doch nicht durchschneiden. Teigscheiben abwechselnd nach links und rechts etwas aus der Rolle ziehen. Mit Eigelb bestreichen, Hagelzucker und Mandeln darüberstreuen. 20 Minuten gehen lassen. Im vorgeheizten Rohr (mittlere Schiene) bei 200° etwa 30 Minuten backen.

Linzer Torte

200 g Mehl,
125 g Zucker,
175 g Butter,
125 g ungeschälte,
gemahlene Mandeln,
1 Prise Salz,
abgeriebene Schale von
½ Zitrone,
½ Tl Zimt,
1 Messerspitze Nelkenpulver,
1 Ei, 1 Eigelb,
1 El Mehl,
150 g Preiselbeermarmelade,
1 Eigelb zum Bestreichen

200 g Mehl, Zucker, Butter, Mandeln, Gewürze, Ei und 1 Eigelb zu einem glatten Teig verkneten und 30 Minuten kühlen. Mit zwei Dritteln des Teiges eine gefettete Springform auskleiden, dabei einen 2 cm hohen Rand formen. Preiselbeermarmelade auf den Teigboden streichen. Unter den restlichen Teig 1 El Mehl kneten und noch einmal 15 Minuten kühlen. Dann ausrollen, Teigstreifen ausrädeln und diese gitterförmig auf die Torte legen. Mit Eigelb bestreichen. Im vorgeheizten Ofen auf der unteren Schiene bei 180° etwa 60 Minuten backen.

Teekuchen

1 Paket Backmischung Rührkuchen,
125 g Butter oder Margarine,
2 Eier,
Wasser nach Anweisung,
50 g kandierte Kirschen,
100 g geriebene Mandeln,
etwas Arrak-Aroma,
abgeriebene Schale von
½ Orange,
200 g Puderzucker,
2 El Orangensaft,
1 El Rum

Rührteig nach Anweisung mit Fett, Eiern und Wasser zubereiten. Dann Mandeln, Arrak-Aroma und Orangenschale unterrühren.
Den Teig abwechselnd mit den Kirschen in eine gefettete Kastenform füllen und im vorgeheizten Ofen auf der unteren Schiene bei 180° etwa 70 Minuten backen. Bitte vergessen Sie die »Stäbchenprobe« nicht!
Aus der Form lösen und auf einem Kuchengitter abkühlen lassen. Puderzucker mit Orangensaft und Rum verrühren. Den Kuchen damit von allen Seiten überziehen. Sobald der Guß trocken ist, den Kuchen servieren.

Nußkuchen

50 g Butter oder Margarine,
100 g Zucker, 3 Eier,
abgeriebene Schale von
½ Zitrone,
1 Tl Vanillezucker,
2 Tropfen Bittermandel-Öl,
150 g Mehl,
1 gestrichener
Tl Backpulver,
50 g geriebene Haselnüsse,
20 g geschälte,
gemahlene Mandeln,
Puderzucker zum Bestreuen

Butter oder Margarine mit Zucker schaumig rühren. Nach und nach die Eier sowie Zitronenschale, Vanillezucker und Bittermandel-Öl unterrühren. Mehl mit Backpulver, Haselnüssen und Mandeln mischen, zum Teig geben und alles vorsichtig miteinander verrühren. Den Teig in eine gefettete Kastenform füllen und im vorgeheizten Ofen auf der unteren Schiene bei 190° etwa 70 Minuten backen. Aus der Form lösen, auf einem Kuchengitter ganz erkalten lassen und unmittelbar vor dem Servieren mit Puderzucker bestreuen. Sie können den Kuchen auch mit einer Nußglasur überziehen.

Kranzkuchen mit Nüssen

Für den Teig:
500 g Mehl, 40 g Hefe,
80 g Zucker,
⅛ l lauwarme Milch,
2 Eier, 1 Prise Salz,
abgeriebene Schale von 1 Zitrone,
75 g Butter;
für die Füllung:
450 g geriebene Walnüsse,
125 g Honig,
¼ l saure Sahne,
1 Päckchen Vanillinzucker,
abgeriebene Schale von ½ Orange,
1 Tl Kakao,
3 Eiweiß;
zum Bestreichen:
3 Eigelbe,
1 El Milch,
20 g Butter,
1 Tl Zimt,
1 Prise gemahlene Nelken;
50 g zerlassene Butter,
Puderzucker zum Bestreuen

Mehl in eine Schüssel geben, in die Mitte eine Mulde drücken, Hefe hineinbröckeln und mit 1 El Zukker, etwas Milch und Mehl verrühren. Zugedeckt 15 Minuten gehen lassen. Restliche Milch und restlichen Zucker, Eier, Zitronenschale, Salz und Butter zugeben und alles zu einem glatten Teig verarbeiten. Schlagen, bis der Teig Blasen wirft und sich vom Schüsselrand löst. 1 Stunde zugedeckt gehen lassen. 20 g Butter zerlassen und wieder abkühlen lassen. Mit Eigelben, Milch, Zimt und Nelken verquirlen. Den dünn ausgerollten Teig damit bestreichen.

Honig erhitzen, bis er flüssig ist. Walnüsse, saure Sahne, Vanillinzucker und die Orangenschale sowie Kakao untermischen. Eiweiß steif schlagen und unterziehen. Füllung auf den Teig streichen und die Platte halbieren. Jede Hälfte aufrollen und übereinander in eine gefettete Kranzform legen. 30 Minuten gehen lassen. Dann mit der Hälfte der zerlassenen Butter bestreichen und den Kuchen im vorgeheizten Rohr (untere Schiene) bei 190° etwa 70 Minuten backen. Nach der Hälfte der Backzeit noch einmal mit Butter bestreichen, ebenso 5 Minuten vor Ende der Backzeit. Kuchen aus der Form lösen, erkalten lassen und vor dem Servieren mit Puderzucker bestreuen.

Königs-kuchen

250 g Butter,
200 g Zucker,
1 El Rum, 4 Eier,
300 g Mehl,
2 gestrichene Tl Backpulver,
150 g Rosinen,
100 g kandierte Früchte,
100 g Puderzucker,
1 El Zitronensaft

Butter und Zucker schaumig rühren, Rum zugeben. Die Eier einzeln unterrühren. Mehl mit Backpulver mischen und alles gut verrühren.
Der Teig muß schwerreißend vom Löffel fallen, deshalb eventuell noch etwas Milch zugeben. Zum Schluß Rosinen und gehackte kandierte Früchte unterheben.
Den Teig in eine gefettete, mit Pergamentpapier ausgelegte Kastenform füllen und die Form in den vorgeheizten Ofen auf die untere Schiene stellen. Bei 175° etwa 90 Minuten backen. Aus der Form lösen und erkalten lassen. Puderzucker mit Zitronensaft mischen und den Kuchen mit dem Guß überziehen.

Marzipan-Ring

Für den Teig:
500 g Mehl, 40 g Hefe,
80 g Zucker,
1/8 l lauwarme Milch,
2 Eier, 1 Prise Salz,
abgeriebene Schale von
1 Zitrone,
75 g Butter;
für die Füllung:
200 g Marzipan-Rohmasse,
2 Eiweiß,
2 El Puderzucker,
150 g gemahlene Mandeln,
3 Tropfen Bittermandel-Öl,
2 cl Rum, 100 g Korinthen,
75 g gehacktes Zitronat;
30 g Butter;
für den Guß:
100 g Puderzucker,
1 El heißes Wasser,
1 El Rum

Mehl in eine Schüssel geben, in die Mitte eine Mulde drücken. Hefe hineinbröckeln, mit 1 El Zucker, etwas Milch und Mehl verrühren. Zugedeckt 15 Minuten gehen lassen.
Restliche Milch und restlichen Zucker, Eier, Zitronenschale, Salz und Butter zugeben und alles zu einem glatten Teig verarbeiten. Schlagen, bis der Teig Blasen wirft und sich vom Schüsselrand löst. Zugedeckt 1 Stunde gehen lassen.
Für die Füllung die Marzipan-Rohmasse mit Eiweiß, Puderzucker, Mandeln, Bittermandel-Öl und Rum zu einer streichfähigen Masse verrühren. Eventuell etwas Wasser zugeben. Korinthen und gehacktes Zitronat unterkneten.
Den Teig auf einem bemehlten Küchentuch etwa 1 cm dick ausrollen. Die Füllung daraufstreichen und den Teig mit Hilfe des Küchentuches aufrollen. Die Ränder gut andrücken. Den Marzipan-Kranz auf ein gefettetes Backblech legen und noch einmal 30 Minuten gehen lassen. Butter zerlassen, Ring mit der Hälfte davon bestreichen.
Das Backblech in den vorgeheizten Ofen auf die mittlere Schiene schieben und den Kuchen bei 180° etwa 60 Minuten backen. 10 Minuten vor Ende der Backzeit mit der restlichen zerlassenen Butter bestreichen.
Marzipan-Ring auf einem Kuchengitter abkühlen lassen. Den Puderzucker mit heißem Wasser und Rum verrühren und den Kuchen damit überziehen.

Topfenkuchen

250 g Mehl,
150 g Margarine,
100 g Zucker,
1 Ei, 1 Prise Salz,
abgeriebene Schale von
1 Zitrone,
4 Eier,
1000 g Speisequark,
1 Becher saure Sahne,
¼ l Milch,
1 Päckchen Vanille-Pudding-Pulver,
100 g Zucker,
1 El Zitronensaft,
1 El Rum,
1 Prise Salz,
100 g Rosinen,
100 g Mandelsplitter

Mehl mit Margarine, Ei, Salz, Zitronenschale und 100 g Zucker zu einem glatten Teig verkneten. Diesen zu einer Kugel formen und 30 Minuten kühlen. Eier trennen, Eigelbe mit Quark und allen übrigen Zutaten (außer Mandeln) mischen. Eischnee unterziehen. Eine gefettete Springform mit dem Teig auslegen, einige Male einstechen. Quarkmasse daraufgeben und mit Mandeln bestreuen. Im vorgeheizten Rohr auf der mittleren Schiene bei 220° etwa 70 Minuten backen.

Mohnrolle

250 g Mehl, 20 g Hefe,
1 El Zucker, 1 Prise Salz,
ca. 4 El Milch,
100 g Butter,
2 Eigelbe,
10 El Milch,
150 g gemahlener Mohn,
2 El Honig, 75 g Zucker,
abgeriebene Schale von
1 Zitrone, 1 Eigelb

Mehl in eine Schüssel geben, in die Mitte eine Mulde drücken. Hefe hineinbröckeln, mit 1 El Zucker und etwas lauwarmer Milch verrühren. Zugedeckt 15 Minuten gehen lassen. Restliche Milch, Salz, weiche Butter und zwei Eigelbe zugeben. Alles zu einem glatten Teig schlagen. Zugedeckt etwa 70 Minuten gehen lassen.

10 El Milch mit Mohn, Zucker, Honig und Zitronenschale aufkochen. Teig auf einem bemehlten Küchentuch dünn ausrollen, Füllung daraufstreichen, aufrollen und auf ein gefettetes Backblech legen. Oberseite mit Eigelb bestreichen.
30 Minuten gehen lassen. Im vorgeheizten Rohr auf der mittleren Schiene bei 200° etwa 20 Minuten backen.

Mohnstreusel

Für den Teig:
500 g Mehl, 30 g Hefe,
50 g Zucker,
ca. 1/4 l lauwarme Milch,
1 Ei,
1 Prise Salz,
80 g Butter oder Margarine,
abgeriebene Schale von 1 Zitrone;
für die Füllung:
3/4 l Milch,
1 Prise Salz,
60 g Butter,
80 g Grieß,
150 g Zucker,
1 Tl Vanillezucker,
250 g gemahlener Mohn,
abgeriebene Schale von 1 Zitrone,
3 Eier,
1 Tl Zitronensaft;
für die Streusel:
200 g Mehl,
100 g Zucker,
1 Tl Vanillezucker,
125 g Butter

Mehl in eine Schüssel geben, in die Mitte eine Mulde drücken, Hefe hineinbröckeln und mit etwas Zucker und Milch verrühren. Zugedeckt 15 Minuten gehen lassen. Restliche Milch mit Ei, Salz, Fett, restlichem Zucker und Zitronenschale zugeben und alles zu einem glatten Teig verarbeiten. Den Teig schlagen, bis er Blasen wirft und sich vom Schüsselrand löst. Zugedeckt 1 Stunde gehen lassen.
Für die Füllung Milch mit Salz und Butter aufkochen. Grieß einrieseln lassen, unter Rühren aufkochen und dann bei milder Hitze 5 Minuten quellen lassen. Zucker, Vanillezucker, Zitronenschale und Mohn zugeben und unterrühren. Eier trennen, Eigelbe in die abgekühlte Masse schlagen. Eiweiß mit Zitronensaft steif schlagen und unter die Mohnmasse ziehen.
Ein gefettetes Backblech mit dem Hefeteig auslegen. Füllung darauf verteilen und den Teig noch einmal 30 Minuten gehen lassen. Inzwischen Mehl mit Zukker und Vanillezucker mischen. Butter in Flöckchen darauf verteilen und mit einer Gabel zu Streuseln verarbeiten. Die Streusel über die Mohnmasse verteilen und das Blech in den vorgeheizten Ofen auf die mittlere Schiene schieben. Bei 200° etwa 40 Minuten backen.
Aus dem Ofen nehmen, etwas auskühlen lassen und in 24 Stücke schneiden.

Bienenstich

Rezept Hefeteig von »Mohnstreusel« (nebenstehend),
200 g Mandeln,
100 g Butter,
200 g Zucker,
1 Tl Vanillezucker,
3 El Milch

Teig wie im Rezept beschrieben zubereiten, gehen lassen, ein gefettetes Backblech damit auslegen, noch einmal 30 Minuten gehen lassen.
Für den Belag die Butter erhitzen, mit Zucker, Vanillezucker und den geschälten, in Stifte geschnittenen Mandeln verrühren und etwas anrösten. Die Masse soll schön hellgelb sein. Vom Herd ziehen, mit der Milch verrühren und abkühlen lassen.
Den Teig mit der Mandelmasse bestreichen und im vorgeheizten Ofen auf der mittleren Schiene bei 200° etwa 45 Minuten backen. Nach dem Erkalten in Stücke schneiden.
Sie können den Kuchen auch in einer Springform backen, nach dem Abkühlen einmal quer durchschneiden und mit Vanillesahne füllen.

Käsekuchen

125 g Butter,
250 g feiner Zucker,
Saft und abgeriebene Schale von 1/2 Zitrone,
4 Eier,
50 g Grieß,
1 Päckchen Vanille-Saucenpulver,
500 g Magerquark

Butter mit Zucker schaumig rühren, Zitronensaft und abgeriebene Schale zugeben. Eier trennen, Eigelbe zum Teig geben und unterrühren. Grieß mit Vanille-Saucenpulver mischen, zusammen mit dem Magerquark unter den Teig rühren. Zum Schluß das steif geschlagene Eiweiß unterziehen. Die Masse in eine gefettete, mit Semmelbrösel ausgestreute Springform füllen. In den vorgeheizten Ofen auf die untere Schiene stellen und den Kuchen bei 200° etwa 45 Minuten, dann bei 150° noch weitere 15 Minuten backen. Machen Sie bitte unbedingt die »Stäbchenprobe«! In der Form kurz abkühlen lassen, dann bis zum völligen Erkalten auf ein Kuchengitter geben.

Von Apfelkuchen bis Zwetschendatschi

Apfeltorte

175 g Mehl, 20 g Hefe,
1 Tl Zucker,
8 El lauwarme Milch,
1 Prise Salz, 40 g Butter,
6 große Äpfel,
½ l Buttermilch,
je 1 El Calvados und Zitronensaft,
Zucker nach Geschmack,
8 Blatt weiße Gelatine

In das Mehl eine Mulde drücken. Hefe hineinbröckeln, mit Zucker und etwas lauwarmer Milch verrühren. Zugedeckt 15 Minuten gehen lassen. Restliche Milch, Salz und Butter zugeben und einen glatten Teig kneten, 30 Minuten gehen lassen. Eine gefettete Springform damit auslegen, einen 3 cm hohen Rand formen. Geschälte, entkernte Äpfel achteln, Teig damit belegen. Im vorgeheizten Ofen (mittlere Schiene) bei 200° etwa 30 Minuten backen. Erkalten lassen. Buttermilch mit Zucker, Zitronensaft und Calvados mischen. Gequollene Gelatine ausdrükken und in heißem Wasser auflösen. Zur Buttermilch geben. Vor dem Gelieren über die Torte gießen.

Obsttorte

300 g Mehl, 1 Prise Salz,
125 g Zucker,
150 g Butter, 1 Ei,
1 Tl Vanillezucker,
abgeriebene Schale von 1 Zitrone,
150 g Sauerkirschen,
1 kleine Dose Aprikosen,
je 100 g grüne und blaue Weintrauben,
2 Bananen,
1 Päckchen weißer Tortenguß

Aus Mehl, Salz, Zucker, Ei, Fett, abgeriebener Zitronenschale und Vanillezukker einen glatten Teig kneten und 30 Minuten kalt stellen. Dann eine gefettete Springform mit dem Teig auslegen, dabei einen 2 cm hohen Rand formen. Boden mit der Gabel einige Male einstechen. Im vorgeheizten Ofen auf der mittleren Schiene bei 220° etwa 20 Minuten backen. Erkalten lassen. Obst vorbereiten und auf dem Boden verteilen (siehe Foto). Den Tortenguß nach Anweisung mit Aprikosensaft zubereiten und die Torte damit überziehen. Erstarren lassen und die Obsttorte mit Schlagsahne servieren.

Zwetschendatschi

500 g Mehl, 30 g Hefe,
50 g Zucker,
1/4 l lauwarme Milch,
1 Prise Salz,
60 g Butter,
2 Eier,
1500 g Zwetschen,
Zucker nach Geschmack

Mehl in eine Schüssel geben, in die Mitte eine Mulde drücken, Hefe hineinbröckeln, mit etwas Zucker und Milch verrühren. Zugedeckt 15 Minuten gehen lassen. Restliche Milch und Zukker, Salz, Butter und Eier zugeben, alles gut vermengen. Teig schlagen, bis er Blasen wirft. 20 Minuten gehen lassen. Zwetschen waschen, entsteinen und halbieren. Teig auf einem gefetteten Backblech ausrollen und dick mit den Zwetschen belegen. Zucker darüberstreuen. Noch einmal 15 Minuten gehen lassen. Dann bei 220° im vorgeheizten Ofen auf der mittleren Schiene etwa 25 Minuten backen.
Mit gesüßter Schlagsahne servieren.

Aprikosen-kuchen

200 g Mehl,
½ Tl Backpulver,
125 g Zucker,
abgeriebene Schale von
1 Zitrone, 1 Prise Salz,
1 Ei, 125 g Butter,
1 große Dose Aprikosen,
1 Eigelb, 1 El Dosenmilch,
3 El Aprikosenmarmelade,
3 El Apricot-Brandy

Aus Mehl, Backpulver, Zukker, Gewürzen, Ei und Fett einen glatten Teig kneten. 30 Minuten kühlen. Aprikosen gut abtropfen lassen. Mit zwei Dritteln des Teiges eine Springform auslegen, dabei einen 1 cm hohen Rand formen. Einige Male mit der Gabel einstechen. Aprikosen auf dem Teig verteilen. Restlichen Teig ausrollen, 1 cm breite Streifen ausrädeln und gitterförmig auf das Obst legen. Eigelb mit Milch verquirlen, Kuchen damit bestreichen. Im vorgeheizten Ofen auf der mittleren Schiene bei 180° etwa 35 Minuten backen. Aprikosenmarmelade mit Apricot-Brandy glattrühren, den Kuchen damit bestreichen.

Traubentorte

Rezept Mürbeteig von »Aprikosenkuchen« (oben),
4 Eier, 100 g Butter,
50 g Puderzucker,
1 Päckchen Vanillinzucker,
1 Prise Salz,
abgeriebene Schale von
1 Zitrone,
70 g gemahlene Mandeln,
20 g Speisestärke,
350 g grüne Weintrauben

Mit dem Mürbeteig eine Springform auslegen und bei 200° 10 Minuten auf der mittleren Schiene vorbacken. Butter, Puderzucker, Gewürze und Eigelbe schaumig rühren. Eiweiß steif schlagen, auf die Eigelbcreme geben. Mandeln mit Speisestärke mischen und auf den Eischnee gleiten lassen. Vorsichtig mischen. Die Masse auf dem vorgebackenen Boden verteilen. Weintrauben waschen, entstielen und, wenn nötig, entkernen. Auf dem Kuchen verteilen. Im vorgeheizten Rohr auf der unteren Schiene bei 180° etwa 60 Minuten backen. Die Torte in der Form abkühlen lassen, dann servieren.

Apfelrolle

Für den Teig:
6 Eier,
200 g Zucker,
1 Tl Vanillezucker,
100 g Mehl,
100 g Speisestärke,
1 Messerspitze Backpulver;
für die Füllung:
500 g säuerliche Äpfel,
1/8 l Weißwein,
Saft und abgeriebene Schale von 1 Zitrone,
250 g Zucker,
4 cl Calvados,
1/2 Tl Zimt,
50 g gehacktes Zitronat,
50 g Mandelsplitter,
Zucker und Puderzucker zum Bestreuen

Für die Füllung die Äpfel waschen, schälen, entkernen und in Würfel schneiden. Mit Zitronensaft beträufeln, damit sie sich nicht verfärben. Dann mit Weißwein, 250 g Zucker und Zimt bei milder Hitze unter Rühren so lange dünsten, bis die Apfelstückchen glasig sind. Bitte achten Sie darauf, daß sie nicht zerfallen. Zitronat, Mandeln, Calvados und abgeriebene Zitronenschale unterrühren und die Füllung abkühlen lassen.

Für den Teig die Eier trennen. Eigelbe mit 125 g Zukker schaumig schlagen. Eiweiß sehr steif schlagen, dabei den restlichen Zucker und den Vanillezucker einrieseln lassen. Auf die Eigelbcreme geben. Mehl mit Speisestärke und Backpulver mischen, auf den Eischnee sieben und vorsichtig unterheben. Backblech mit Alufolie auslegen und diese am Rand etwas hochkniffen, damit der Teig nicht herunterlaufen kann. Alufolie fetten. Teig aufs Blech streichen und im vorgeheizten Rohr auf mittlerer Schiene bei 200° etwa 15 Minuten backen. Dann sofort auf ein mit Zucker bestreutes Küchentuch stürzen und die Folie vorsichtig abziehen. Die Apfelfüllung auf dem Biskuit verteilen und glattstreichen. Den Biskuit von der Breitseite mit Hilfe des Tuches vorsichtig aufrollen, fest in das Küchentuch wickeln und bis zum völligen Erkalten in den Kühlschrank legen.
Kurz vor dem Servieren bestreuen Sie die Apfelrolle dick mit Puderzucker. Dazu schmeckt halbsteif geschlagene Sahne, aromatisiert mit Vanillezucker.

Kirschkuchen mit Quark

500 g Mehl,
20 g Hefe,
1 Tl Zucker,
6 El lauwarme Milch,
1 Prise Salz,
abgeriebene Schale von 2 Zitronen,
1 Tl Vanillezucker,
50 g Butter,
1500 g Sauerkirschen,
1000 g Magerquark,
150 g Zucker,
2 El Vanillezucker,
1 El Kirschwasser,
150 g Butter,
2 Eier,
100 g Speisestärke,
50 g Zucker,
2 Tl Zimt

Mehl in eine Schüssel geben, in die Mitte eine Mulde drücken. Hefe hineinbröckeln, mit Zucker und etwas lauwarmer Milch verrühren. Zugedeckt 15 Minuten gehen lassen.
Restliche Milch, Salz, Zitronenschale, Vanillezukker und weiche Butter zugeben und zu einem glatten Teig verarbeiten. Den Teig schlagen, bis er Blasen wirft. Zugedeckt 30 Minuten gehen lassen. Inzwischen die Kirschen waschen und entsteinen.
Quark, Zucker, die restlichen beiden Eßlöffel Vanillezucker, Kirschwasser, Butter und Eigelbe kräftig verrühren. Eiweiß zu steifem Schnee schlagen. Auf die Quarkmasse geben. Speisestärke darübersieben. Alles locker mischen. Teig auf einem gefetteten Backblech ausrollen, Teig am Rand etwas hochdrücken. Kirschen auf dem Teig verteilen. Zudecken und noch einmal so lange gehen lassen, bis der Teig doppelt so hoch aufgegangen ist.
Quarkmasse darüber verteilen und glattstreichen. Das Blech in den vorgeheizten Ofen auf die mittlere Schiene schieben und den Kuchen bei 180° etwa 60 Minuten backen.
Kuchen aus dem Rohr nehmen und noch warm mit Zucker und Zimt bestreuen.
Variationsmöglichkeit:
Belegen Sie den Teig statt der Kirschen mit 1500 g geschälten, entkernten und in Spalten geschnittenen Äpfeln. Mischen Sie unter die Quarkmasse 100 g Rosinen, die Sie mit 3 El Weinbrand aromatisiert haben. Sonst verfahren Sie ebenso wie in diesem Rezept angegeben.

Stachelbeer-Torte

1 Paket Backmischung Mandelkuchen,
500 g Stachelbeeren,
100 g Zucker, Wasser,
200 g Marzipan-Rohmasse,
2 El Puderzucker,
2 cl Rum,
4 Eiweiß,
170 g Puderzucker

Mandelkuchen nach Vorschrift backen und erkalten lassen. Einmal quer durchschneiden. Marzipan-Rohmasse mit 2 El Puderzucker und Rum verkneten. Die Hälfte davon auf den ersten Boden streichen, zweiten Boden darauf legen. Mit dem restlichen Marzipan bestreichen. Stachelbeeren mit Zucker in etwa 5 El Wasser dünsten, bis sie weich, aber nicht zerfallen sind. Abtropfen lassen und auf dem Kuchen verteilen. Eiweiß mit dem restlichen Puderzucker steif schlagen, auf die Stachelbeeren streichen. Die Torte im vorgeheizten Ofen auf der mittleren Schiene bei starker Oberhitze überbacken, bis der Eischnee schön gebräunt ist.

Ananas-Torte

Für den Boden:
15 Zwiebäcke,
30 g Zucker,
80 g Butter, 1 El Mehl,
2 El Speisestärke,
4 Eigelbe,
abgeriebene Schale von 1 Zitrone;
für die Füllung:
etwa ¼ l Wasser,
2 Eigelbe,
150 g Zucker,
6 Blatt weiße Gelatine,
375 g Doppelrahmfrischkäse (3 Päckchen),
2 El Zitronensaft,
1 El Ananassaft,
1 El Rum,
abgeriebene Schale von ½ Zitrone,
1 Päckchen Vanillinzucker,
3 Eiweiß;
für den Belag:
7 Scheiben Ananas aus der Dose,
1 kleine Dose Mandarinen,
1 Päckchen weißer Tortenguß

Zwiebäcke zu feinen Bröseln zerkleinern, mit Zukker, Fett, Mehl, Speisestärke, den Eigelben und Zitronenschale zu einem Teig verkneten. Eine Springform gründlich fetten, mit Semmelbröseln ausstreuen und Boden und Rand (etwa 2 cm hoch) mit dem Teig auskleiden. Im vorgeheizten Rohr auf der mittleren Schiene bei 200° etwa 20 Minuten backen. Auskühlen lassen.
Für die Füllung Wasser mit Eigelben und Zucker im Wasserbad schlagen, bis eine dickliche Creme entstanden ist. Inzwischen die Gelatine in kaltem Wasser einweichen. Ausdrücken und in der heißen Creme auflösen.
Doppelrahmfrischkäse mit Vanillinzucker, Zitronen- und Ananassaft, Rum und abgeriebener Zitronenschale glattrühren. Vorsichtig unter die abgekühlte Creme ziehen. Eiweiß zu steifem Schnee schlagen und unter die Creme heben.
Den völlig erkalteten Tortenboden mit der Creme bestreichen. Etwa 2 Stunden in den Kühlschrank stellen.
Die Torte mit den Ananasscheiben und Mandarinen belegen. Den Tortenguß nach Vorschrift mit Ananas- und Mandarinensaft zubereiten und die Torte damit überziehen. Guß erstarren lassen und die Torte dann servieren.

Obstkuchen

4 Eier (je 50 g),
200 g Butter oder Margarine,
200 g Zucker,
1 Prise Salz,
abgeriebene Schale von 1 Zitrone,
200 g Mehl,
2 Tl Backpulver,
750 g Kirschen,
500 g Aprikosen

Butter oder Margarine mit Zucker schaumig rühren, Gewürze und nach und nach die Eier zugeben. Mehl mit Backpulver mischen und unter den Teig rühren. Teig in eine gefettete Springform füllen. Kirschen waschen und entsteinen, Aprikosen mit kochendem Wasser überbrühen, abziehen, entsteinen und halbieren. Den Teig dicht mit Obst belegen.
Kuchen im vorgeheizten Backofen auf mittlerer Schiene bei 180° etwa 60 Minuten backen. Dann kurz in der Form auskühlen lassen und bis zum völligen Erkalten auf ein Kuchengitter legen.
Vor dem Servieren eventuell dick mit Puderzucker übersieben.

Johannisbeer-Torte

175 g Butter oder Margarine,
150 g Zucker,
1 Ei, 1 Prise Salz,
300 g Mehl,
1 Messerspitze Backpulver,
5 Eiweiß,
200 g Zucker,
100 g Mandelstifte,
3 Tropfen Bittermandel-Öl,
etwas Arrak-Aroma,
50 g Speisestärke,
500 g rote Johannisbeeren

Aus Mehl, Backpulver, Salz, Ei, Fett, 150 g Zucker einen glatten Teig kneten und 30 Minuten kühl stellen. Den Boden einer Springform damit auslegen und dabei einen etwa 3 cm hohen Rand formen. Teig mehrmals mit der Gabel einstechen. Eiweiß mit Zucker und Gewürzen steif schlagen, Mandeln unterheben. Zwei Drittel der Eiweißmasse mit der Speisestärke und den vorbereiteten Johannisbeeren mischen. Auf dem Teig verteilen und mit der restlichen Eiweißmasse abdecken. Kuchen in den vorgeheizten Ofen auf die mittlere Schiene stellen und bei ca. 175° etwa 60 Minuten backen.

Kirschkuchen

100 g Butter oder Margarine,
150 g Zucker,
abgeriebene Schale von 1 Zitrone,
6 Eier,
1 El Kakao,
je ½ Tl Zimt und Muskat,
4 cl Kirschwasser,
300 g Schwarzbrotbrösel,
1000 g Sauerkirschen,
Puderzucker

Fett und Zucker schaumig rühren, Zitronenschale und Eigelbe nach und nach unterrühren. Kakao, Zimt und Muskat mit den Bröseln mischen und zusammen mit dem Kirschwasser vorsichtig unterheben. Eiweiß sehr steif schlagen und unter den Teig ziehen. Den Teig in eine gefettete, mit Semmelbrösel bestreute Springform geben. Dicht mit den gewaschenen und entsteinten Sauerkirschen belegen. Die Form in den vorgeheizten Ofen auf die mittlere Schiene stellen und den Kuchen bei 180° etwa 50 Minuten backen. Vor dem Servieren dick mit Puderzucker besieben. Dazu: Schlagsahne.

Sonnentorte

Rezept Biskuitboden von Seite 44/45, »Apfelsahne«, Saft von 9 Orangen (½ l), 1 Päckchen Vanille-Puddingpulver, 75 g Zucker, abgeriebene Schale von 1 Orange, 1 El Cointreau, ⅜ l süße Sahne, 6 Orangen, ⅛ l Wasser, 250 g Zucker

Puddingpulver mit 6 El Orangensaft verrühren, restlichen Saft mit 75 g Zucker und Orangenschale zum Kochen bringen. Puddingpulver einrühren, einmal aufkochen. Den Cointreau untermischen. Die steif geschlagene Sahne unter den erkalteten Pudding mischen. Biskuitboden zweimal quer durchschneiden. Mit zwei Drittel der Sahne füllen, mit der restlichen Sahne rundherum bestreichen. Kühl stellen. Orangen schälen, dabei die weiße Haut entfernen. In Scheiben schneiden. Wasser mit Zucker unter Rühren erhitzen und 25 Minuten leise kochen. Die Orangenscheiben portionsweise 3 Minuten darin ziehen lassen. Auf einem Kuchengitter abkühlen lassen. Die Torte mit den Orangenscheiben belegen.

Verschiedene Obstkuchen

Auf unserer nebenstehenden Abbildung geben wir Ihnen ein paar Anregungen wie Sie mal Abwechslung in Ihr Obstkuchen-Repertoire bringen können. Die Torte rechts im Bild bringt Sie auch bei einem Blitzbesuch nicht in Verlegenheit. Belegen Sie einen fertig gekauften Obstkuchenboden mit allem, was Obstkorb und Vorratsschrank bieten: in die Mitte des Bodens legen Sie eine Scheibe Ananas mit einer Aprikosenhälfte.
Außenherum Mandarinenspalten, Kirschen, Reineclauden und wieder Aprikosenhälften legen. Obenauf kommen einige Bananenscheiben. Überziehen Sie die Torte mit weißem Tortenguß, den Sie nach Vorschrift zubereitet haben. Wenn der Guß fest geworden ist, streuen Sie an den Rand der Torte Mandelblättchen. Dazu gibt es Schlagsahne.
Links unten auf dem Bild sehen Sie fertig gekaufte Mürbeteig-Törtchen, die wir mit Kirschen aus dem Glas und verschiedenem

Obst, ebenfalls aus Dose oder Glas, belegt haben. Die Kirschtörtchen überziehen Sie mit rotem Guß, die anderen mit weißem. Auf unserer Tortenplatte links liegt auf der unteren Stufe ein Blechkuchen mit Pfirsichen. Bereiten Sie dafür 1 Paket Backmischung Rührkuchen mit den erforderlichen Zutaten nach Vorschrift zu. Geben Sie außerdem den Saft und die abgeriebene Schale von ½ Zitrone zum Teig. Den Teig streichen Sie auf ein gefettetes Backblech und belegen ihn dicht mit gut abgetropften Pfirsichhälften aus der Dose. Schieben Sie das Blech in den vorgeheizten Ofen (mittlere Schiene) und backen Sie den Kuchen bei 200° etwa 40 Minuten. Erkaltet in Scheiben schneiden und mit Puderzucker besieben.
Der Kuchen oben auf der Tortenplatte läßt sich ebenso problemlos zubereiten. Statt Rührkuchenteig nehmen Sie 1 Paket Backmischung Hefeteig, verfahren wie auf der Packung angegeben und belegen den Teig mit abgetropften Aprikosenhälften aus der Dose oder wiederum mit Pfirsichhälften. Backen Sie den Kuchen bei 200° (mittlere Schiene) etwa 30 Minuten. Nach dem Erkalten können Sie ihn mit weißem Tortenguß überziehen.
Auch Blätterteiggebäck geht schnell und schmeckt gut. Wir haben deshalb (auf der Abbildung oben links) tiefgekühlten Blätterteig auftauen lassen, die Platten dünn ausgerollt und zu Rechtecken von 8 mal 15 cm geschnitten. Die Teigstücke werden nun von den beiden Schmalseiten her so aufgerollt, daß sich in der Mitte eine Vertiefung bildet. Dahinein gibt man eine Füllung aus entsteinten Kirschen, die mit Kirschsaft, Speisestärke, Zucker und Zitronensaft dick eingekocht werden. Die Blätterteigschnitten bestreut man mit gehackten Pistazien, legt sie auf ein kalt abgespültes Backblech und backt sie im vorgeheizten Ofen (mittlere Schiene) bei 220° etwa 25 Minuten. Köstlich schmecken auch Obsttörtchen (ohne Bild). Tränken Sie fertig gekaufte Biskuitteigtörtchen mit Cognac. Belegen Sie die Torteletts mit verschiedenem Obst und garnieren Sie sie mit Schlagsahne.

Reiskuchen mit Kirschen

Für den Teig:
300 g Mehl,
2 gestrichene Tl Backpulver,
100 g Zucker,
1 Prise Salz,
abgeriebene Schale von 1 Zitrone,
½ Fläschchen Arrak-Aroma,
1 Ei,
125 g Butter oder Margarine;
für die Reismasse:
250 g Milchreis,
1 l Milch, 75 g Zucker,
1 El Vanillezucker,
1 Stück Zitronenschale,
1 Prise Salz,
1 Stück Zimt;
1500 g Kirschen,
für den Guß:
2 Eier, 2 El Zucker,
⅛ l saure Sahne,

Für den Teig Mehl, Backpulver, Zucker, Salz, Zitronenschale, Arrak-Aroma, Ei und Fett mischen und zu einem glatten Teig kneten. Zu einer Kugel formen und 30 Minuten kalt stellen.
Für die Reismasse den Milchreis in die kochende Milch schütten, einmal umrühren. Zucker, Vanillezucker, Zimtstange, Zitronenschale und Salz zugeben. Den Reis zugedeckt bei milder Hitze etwa 25 Minuten ausquellen lassen. Kirschen waschen und entsteinen.
Backblech mit dem Mürbeteig auslegen und dabei einen 2 cm hohen Rand formen. Die Kirschen dicht auf dem Boden verteilen. Die abgekühlte Reismasse daraufgeben und glattstreichen. Für den Guß Eier trennen, Eigelbe mit Zukker und saurer Sahne schaumig rühren. Eiweiß zu steifem Schnee schlagen und vorsichtig unter die Eigelbcreme ziehen. Den Guß auf die Reismasse geben. Das Backblech in den vorgeheizten Ofen auf die mittlere Schiene schieben und den Kuchen bei 200° etwa 60 Minuten backen.
Etwas abkühlen lassen, in Stücke schneiden und bis zum völligen Erkalten auf ein Kuchengitter legen.
Der Reiskuchen schmeckt mit allen saftigen Früchten. Bereiten Sie ihn einmal mit Aprikosen zu. Bestreichen Sie dann den noch warmen Kuchen mit einer Mischung aus Aprikosenmarmelade und Apricot-Brandy, die Sie auf der mäßig warmen Kochplatte leicht flüssig werden lassen.

Leipziger Apfelkuchen

200 g Butter, 200 g Zucker,
4 Eier,
abgeriebene Schale von
1 Zitrone, 1 Prise Salz,
200 g Mehl,
½ Tl Backpulver,
6 große Äpfel,
12 Tl Johannisbeergelee,
Puderzucker zum Bestreuen

Butter mit Zucker schaumig rühren. Zitronenschale, Salz und nach und nach die Eier zugeben. Mehl mit Backpulver mischen, eßlöffelweise unterrühren. Den Teig in eine gefettete Springform füllen. Äpfel schälen, halbieren, Kerngehäuse entfernen. Die Apfelhälften oben mehrmals etwas einschneiden. In die Höhlung, in der das Kerngehäuse saß, je 1 Tl Johannisbeergelee geben und die Äpfel mit der eingeschnittenen Seite nach oben auf den Teig legen. Den Kuchen in den vorgeheizten Ofen auf die mittlere Schiene stellen und bei 180° etwa 45 Minuten backen. Erkalten lassen und mit Puderzucker bestreuen.

Trauben-Strudel

300 g Mehl, 1 Prise Salz,
40 g Butter, 1 Ei,
½ Tasse lauwarmes Wasser,
Butter zum Bestreichen,
750 g Weintrauben,
80 g Zucker,
1 El Vanillezucker,
Saft von ½ Zitrone,
100 g geriebene Haselnüsse,
75 g Semmelbrösel,
Puderzucker

Mehl mit Butter, Salz, Ei und Wasser zu einem glatten Teig verarbeiten. 30 Minuten unter einer warmen Schüssel ruhen lassen.
Dann auf einem bemehlten Küchentuch dünn ausrollen und hauchdünn auseinanderziehen. Mit zerlassener Butter bestreichen.
Semmelbrösel und Haselnüsse auf den Teig streuen, ebenso Zucker und Vanillezucker. Vorbereitete Trauben daraufgeben, mit Zitronensaft beträufeln. Mit Hilfe des Tuches aufrollen. Auf ein Backblech legen, mit Butter bestreichen und im vorgeheizten Ofen auf der mittleren Schiene bei 200° etwa 40 Minuten backen. Mit Puderzucker bestreuen.

Apfelstrudel

Rezept Strudelteig von Seite 42, »Traubenstrudel«, für die Füllung:
1500 g Äpfel, 2 El Rum,
1 El Zitronensaft,
100 g Zucker,
¼ l saure Sahne,
50 g Rosinen,
50 g Semmelbrösel,
Butter zum Bestreichen,
Puderzucker zum Bestreuen

Den Strudelteig auf einem bemehlten Küchentuch ausrollen und hauchdünn auseinanderziehen. Gut mit zerlassener Butter bestreichen. Semmelbrösel daraufstreuen, dann mit den geschälten, entkernten und in feine Scheiben geschnittenen Äpfeln belegen. Zitronensaft mit Rum mischen, über die Äpfel träufeln. Zucker und Rosinen darübergeben, zum Schluß die saure Sahne. Den Strudel mit Hilfe des Küchentuchs von der Breitseite her aufrollen, auf ein gefettetes Backblech geben und gut mit zerlassener Butter bestreichen. Im vorgeheizten Ofen auf der mittleren Schiene bei 200° etwa 60 Minuten backen.

Apfelsahne

3 Eier,
3 El heißes Wasser,
150 g Zucker,
1 Päckchen Vanillinzucker,
80 g Mehl,
80 g Speisestärke,
1 gestrichener Tl Backpulver;
1 Zitrone,
800 g gedünstete Äpfel,
4 rohe Äpfel;
für die Creme:
3 Eigelbe,
Saft von ½ Zitrone,
abgeriebene Schale von
1 Zitrone,
1 El Calvados,
3 El Milch,
2 El Zucker,
5 Blatt weiße Gelatine,
¼ süße Sahne;
Korinthen und Mandelblättchen zum Verzieren

Eier trennen, Eiweiß für 5 Minuten ins Tiefkühlfach stellen. Eigelbe mit heißem Wasser und 75 g Zucker schaumig schlagen. Eiweiß steif schlagen, dabei den restlichen Zucker und Vanillinzucker einrieseln lassen. Auf die Eigelbcreme gleiten lassen. Mehl mit Speisestärke und Backpulver mischen, auf den Eischnee sieben und alles vorsichtig mischen. Den Boden

einer Springform fetten und mit Mehl bestäuben. Teig einfüllen. Kuchen in den vorgeheizten Ofen auf die untere Schiene stellen und bei 200° etwa 35 Minuten backen. Erkalten lassen und einmal quer durchschneiden. Die untere Hälfte in die Springform legen.
Für die Creme Eigelbe, Milch, Calvados, Zitronensaft, Zucker und die abgeriebene Zitronenschale bis kurz vor dem Kochen unter Rühren erhitzen. Die eingeweichte und ausgedrückte Gelatine einrühren. Lauwarm abkühlen lassen, dann die steifgeschlagene Sahne unterziehen. Ein Drittel der Creme auf den Biskuitboden streichen und mit den gedünsteten Äpfeln belegen. Das zweite Drittel der Creme daraufgeben und mit dem zweiten Biskuitboden abdecken. Torte rundherum mit der restlichen Creme bestreichen. Geschälte und entkernte Äpfel in dünne Spalten schneiden. In wenig Zuckerwasser mit dem Saft der Zitrone leicht dünsten. Apfelspalten schuppenförmig auf die Torte legen, die Korinthen darüberstreuen.
Den Rand der Torte mit Mandelblättchen verzieren.

Eis-Torte

1 Biskuit-Boden (fertig gekauft),
500 g frische oder tiefgekühlte Erdbeeren,
4 cl Kirschwasser,
1 Familien-Packung Fürst-Pückler-Eis,
100 g Zucker,
½ El Vanillezucker,
3 Eiweiß,
½ Tl Zitronensaft

Eiweiß mit Zucker, Vanillezucker und Zitronensaft sehr steif schlagen. Eine flache, runde, feuerfeste Form mit dem Biskuitboden auslegen. Mit Kirschwasser tränken. Fürst-Pückler-Eis darüber verteilen. Die gewaschenen, gut abgetropften und entstielten frischen oder tiefgekühlten Erdbeeren über das Eis geben (einige zum Garnieren zurückbehalten).
Die Eiweißmasse über den Erdbeeren verteilen und mit der Gabel ein Muster ziehen.
Im vorgeheizten Ofen auf der oberen Schiene bei starker Oberhitze überbacken, bis die Torte schön gebräunt ist. Schnell mit einigen Erdbeeren garnieren und sofort servieren.

Erdbeersahne

1 dünner Biskuitboden,
2 cl Weinbrand,
250 g Quark, 100 g Zucker,
Saft und abgeriebene Schale von 2 Zitronen,
1 El Vanillezucker,
500 g Erdbeeren,
9 Blatt weiße Gelatine,
¼ l süße Sahne

Biskuitboden mit Weinbrand beträufeln. Quark mit Zitronensaft und -schale, Vanillezucker und Zukker glattrühren. Die Hälfte der Erdbeeren pürieren und zum Quark geben. Gelatine in kaltem Wasser quellen lassen, ausdrücken und in 5 El heißem Wasser auflösen. Unter die Quarkmasse rühren. Sahne steif schlagen und unterziehen. Die Quarkmasse in eine gefettete Puddingform füllen, restliche Erdbeeren darauf verteilen (einige zum Garnieren zurückbehalten), mit dem Biskuitboden abdecken und gut andrücken. Vor dem Servieren stürzen.

Juttas Apfelkuchen

Rezept Mürbeteig von Seite 38, »Johannisbeer-Torte«,
100 g geriebene Mandeln,
1 Tl Zimt, 2 El Zucker,
1000 g Äpfel,
1 El Zitronensaft,
1 El Calvados,
50 g Butter,
75 g Zucker,
1 Päckchen Vanillinzucker,
100 g Mehl

Mürbeteig zubereiten und eine Springform damit auslegen. Dabei einen 3 cm hohen Rand formen. Boden einige Male einstechen. Mit Mandeln, geschälten, entkernten, in Spalten geschnittenen Äpfeln bestreuen. Mit Calvados und Zitronensaft, Zimt und Zucker aromatisieren. Butter, Zukker, Vanillinzucker und Mehl zu Streuseln verarbeiten und über die Äpfel streuen. Backen: im vorgeheizten Ofen (untere Schiene) bei 200° 60 Minuten.

Himbeersahne

3 Eier,
3 El heißes Wasser,
125 g Puderzucker,
abgeriebene Schale von
½ Orange,
60 g Mehl, 60 g Speisestärke,
1 Tl Backpulver,
30 g Kakao,
750 g frische Himbeeren,
½ l süße Sahne,
1 Päckchen Sahnefestiger,
1 El Vanillezucker,
Schokoladenstreusel zum Verzieren

Eier trennen. Eigelbe mit 75 g Puderzucker und dem Wasser schaumig schlagen. Orangenschale zugeben. Eiweiß steif schlagen, dabei den restlichen Puderzucker einrieseln lassen. Auf die Eigelbcreme geben. Mehl mit Speisestärke, Backpulver und Kakao mischen, auf den Eischnee sieben. Alles vorsichtig mischen. Springformboden einfetten, Teig einfüllen und im vorgeheizten Ofen (untere Schiene) bei 200° etwa 35 Minuten backen. Abkühlen lassen und quer halbieren. Himbeeren waschen und gut abtropfen lassen. Sahne mit Sahnefestiger und Vanillezucker steif schlagen. Himbeeren (einige zum Garnieren zurücklassen) unter ein Drittel der Sahne mischen. Die Himbeersahne auf die untere Hälfte des Biskuitbodens streichen, die andere Hälfte darüberlegen. Torte rundherum mit Sahne bestreichen, mit Himbeeren verzieren. Den Rand mit Schokoladenstreuseln garnieren.

Rhabarbertorte

1 Rezept Mürbeteig von Seite 38, »Johannisbeer-Torte«,
750 g Rhabarber,
250 g Zucker, 2 Eier,
⅛ l saure Sahne,
100 g gehackte Haselnüsse

Mürbeteig in der Springform im vorgeheizten Ofen auf der mittleren Schiene bei 200° 10 Minuten vorbacken. Rhabarber vorbereiten, in Stücke schneiden und mit 150 g Zucker bestreuen. Eigelbe mit restlichem Zucker, saurer Sahne und Nüssen mischen. Eischnee unterheben. Abgetropften Rhabarber auf dem Boden verteilen, Eimasse darübergeben und in etwa 30 Minuten fertigbacken.

Kirschsahne

450 g Tiefkühlblätterteig,
1 große Dose Sauerkirschen,
6 El Kirschsaft,
2 El Kirschwasser,
1 El Speisestärke,
½ l süße Sahne,
50 g Zucker,
100 g Puderzucker,
2 El Johannisbeergelee,
2 El heißes Wasser

Blätterteig auftauen lassen und 3 mm dick ausrollen. Drei Böden von Springformgröße ausschneiden. Nacheinander auf ein kalt abgespültes Backblech legen und im vorgeheizten Rohr (mittlere Schiene) bei 220° je 10 Minuten backen. Abgetropfte Kirschen mit dem Saft aufkochen, mit der in kaltem Wasser angerührten Speisestärke binden. Kirschwasser einrühren. Den ersten Tortenboden mit der abgekühlten Kirschmasse bestreichen, zweiten Boden darauflegen. Sahne mit Zucker steif schlagen, auf den zweiten Boden streichen und mit dem dritten abdecken. Puderzucker mit Gelee und Wasser glattrühren. Den dritten Boden damit überziehen.

Birnentorte

1 Paket Backmischung Rührkuchen,
1000 g Birnen,
75 g Zucker,
2 El Zitronensaft,
¼ l Wasser,
1 Zimtstange,
3 El Zitronengelee,
6 cl Birnengeist,
2 Becher Schokoladenkuvertüre

Teig nach Vorschrift zubereiten, in eine gefettete Springform füllen und nach Anweisung backen. Erkalten lassen. Zitronengelee mit 2 El Birnengeist bei milder Hitze glattrühren. Den Tortenboden mit dem restlichen Birnengeist tränken, dann mit dem Zitronengelee bestreichen. Geschälte Birnen entkernen, in Spalten schneiden. Mit Zucker, Zitronensaft, Wasser und Zimtstange dünsten, bis sie weich sind, aber nicht zerfallen. Abtropfen lassen und den Tortenboden am Rand schuppenförmig damit belegen. Die Kuvertüre im Wasserbad schmelzen lassen, die Torte rundherum damit überziehen. Guß erstarren lassen und die Torte servieren.

Pfirsich-Baiser

Für den Baiser-Boden:
5 Eiweiß,
200 g Zucker,
1 Tl Speisestärke;
für die Füllung:
1 Dose Pfirsiche;
für die Creme:
90 g Zucker, 3 Eier,
4 El Zitronensaft,
⅛ l Weißwein,
3 Blatt weiße Gelatine,
¼ l süße Sahne,
10 Maraschinokirschen
und 30 g gehackte
Pistazien zum Garnieren

Eiweiß steif schlagen, dabei nach und nach Zucker und Speisestärke einrieseln lassen. Springformboden mit eingeöltem Pergamentpapier belegen. Die Baisermasse in den Spritzbeutel füllen und sie, von der Mitte ausgehend, spiralenförmig auf das Papier spritzen. Dann einen Rand aus etwa 16 Tupfen spritzen. In den vorgeheizten Ofen auf die mittlere Schiene schieben und bei 100° etwa 2 Stunden backen. Der Boden soll nicht bräunen, deshalb die Hitze eventuell etwas verringern. Der Boden ist fertig, wenn sich das Papier leicht abziehen läßt.
Baiser auf einem Kuchengitter (Papier vorher abziehen!) auskühlen lassen. Die Pfirsiche aus der Dose nehmen, gut abtropfen lassen und mit Küchenpapier ganz trockentupfen.
Für die Creme die Eier trennen. Gelatine in kaltem Wasser quellen lassen. Eigelbe mit Zucker verquirlen und im Wasserbad schaumig schlagen. Nach und nach Zitronensaft und Wein hineinschlagen. Die Masse muß dickschaumig werden. Gelatine in wenig heißem Wasser auflösen und unter die Eigelbcreme ziehen. Wenn die Creme beginnt, fest zu werden, erst den steif geschlagenen Eischnee, dann die geschlagene Sahne unterziehen.
Ein Drittel der Creme auf den Baiser-Boden streichen. Pfirsiche in Schnitze schneiden, auf der Creme verteilen. Die restliche Creme darüberstreichen. Garnieren Sie die Torte mit den Maraschinokirschen und gehackten Pistazien.
Vor dem Servieren stellen Sie den Pfirsich-Baiser für etwa 1 Stunde in den Kühlschrank.

Quarktorte mit Johannisbeeren

300 g rote Johannisbeeren,
500 g Magerquark,
3 El Zitronensaft,
175 g Zucker,
2 Tl Vanillezucker,
2 cl weißer Rum,
1 Prise gemahlener Ingwer,
5 Blatt weiße Gelatine,
3 El kaltes Wasser,
3 El heißes Wasser,
¼ l süße Sahne,
50 g Krokant (fertig gekauft),
2 Pakete Löffelbiskuits,
Borkenschokolade zum Garnieren

Johannisbeeren waschen, gut abtropfen lassen und von den Rispen streifen. Gelatine in 3 El kaltem Wasser quellen lassen.
Quark mit dem Zitronensaft, Zucker, Vanillezucker, weißem Rum und Ingwer gut verrühren. Gequollene Gelatine ausdrücken, in dem heißen Wasser auflösen. Zwei Eßlöffel von der Quarkmasse damit verrühren, dann vorsichtig unter den Quark mischen. Johannisbeeren und Krokant nach und nach untermischen.

Die Sahne steif schlagen und die Hälfte davon unter den Johannisbeerquark ziehen. Eine Kastenform mit den Löffelbiskuits auslegen und die Quarkmasse einfüllen. Glattstreichen. Die Form für 30 Minuten in den Kühlschrank stellen, damit die Gelatine vollkommen erstarrt, dann die Torte vorsichtig auf eine Kuchenplatte stürzen.
Die Torte kurz vor dem Servieren mit der restlichen Schlagsahne und der zerbröckelten Borkenschokolade garnieren.

Variationsmöglichkeit:
Gut schmeckt auch eine Biskuitrolle mit dem Johannisbeer-Quark. Backen Sie die Rolle, wie im Rezept »Apfelrolle« auf Seite 35 angegeben. Die Quarkmasse wird dann nicht mit Gelatine zubereitet. Schlagen Sie einfach die Sahne mit einem Päckchen Sahnefestiger steif und mischen Sie sie unter den Quark. Die Biskuitrolle wird außen mit einem weiteren 1/4 l Schlagsahne bestrichen und mit Johannisbeeren, Borkenschokolade und Sahnetupfen garniert. Gut gekühlt schmeckt sie am besten.

Kiwi-Kuchen

1 Obstkuchenboden (fertig gekauft),
2 El Stachelbeergelee,
1 El Weinbrand,
500 g Kiwis,
60 g Zucker,
1/2 El Vanillezucker
1/8 l Weißwein,
1 Päckchen weißer Tortenguß,
1/8 l süße Sahne,
30 g Zucker,
6 Kumquats

Kiwis schälen und in Scheiben schneiden. Mit Zucker, Vanillezucker und Wein 3 Minuten dünsten. Herausnehmen, abtropfen (Saft dabei auffangen) und erkalten lassen. Stachelbeergelee mit Weinbrand bei milder Hitze glattrühren. Den Obstkuchenboden damit bestreichen. Kiwischeiben darauf verteilen. Kiwisaft mit Wasser auf 1/4 l Flüssigkeit ergänzen und den Tortenguß nach Anweisung damit zubereiten. Kuchen mit dem Guß überziehen. Sahne mit Zukker steif schlagen. Kuchen mit Sahnetupfen und halbierten Kumquats hübsch garnieren. Kühl servieren.

Brombeersahne

1 Biskuitboden (fertig gekauft),
½ l süße Sahne,
1 El Vanillezucker,
1 Päckchen Sahnefestiger,
4 cl Weinbrand,
750 g Brombeeren,
Mandelblättchen

Biskuitboden quer durchschneiden und die Hälften mit Weinbrand tränken. Sahne mit Sahnefestiger und Vanillezucker steif schlagen. Auf den unteren Boden streichen (3 El davon zurückbehalten). Zweiten Boden darauflegen und mit Brombeeren belegen. Rand der Torte mit Sahne bestreichen und mit Mandelblättchen verzieren.

Gedeckter Apfelkuchen

350 g Mehl,
2 Tl Backpulver,
150 g Butter, 200 g Zucker,
abgeriebene Schale von ½ Zitrone,
1 El Vanillezucker,
1 Prise Salz, 1 Ei,
1000 g Äpfel,
1 Tl Zimt, 2 El Rum,
1 Stückchen Zitronenschale,
100 g Rosinen,
1 Eigelb zum Bestreichen

Aus Mehl, Backpulver, Fett, 100 g Zucker, Ei, Zitronenschale, Vanillezucker und Salz einen glatten Teig kneten. 30 Minuten kalt stellen. Geschälte Äpfel entkernen und in Stücke schneiden. Mit dem restlichen Zucker und Rosinen dünsten, bis sie fast weich sind. Zitronenschale, Zimt und Rum zugeben. Auf einem Sieb sehr gut abtropfen lassen. Eine gefettete Springform mit zwei Dritteln des Teiges auslegen, dabei einen 3 cm hohen Rand formen. Den Teigboden mehrmals mit der Gabel einstechen. Im vorgeheizten Ofen auf der mittleren Schiene bei 200° 15 Minuten vorbacken. Etwas abkühlen lassen und die Füllung auf dem Boden verteilen. Den restlichen Teig zu einer runden Platte von Springformgröße ausrollen und auf die Füllung legen. Mit dem Eigelb bestreichen. Den Kuchen zurück ins Rohr stellen und auf der mittleren Schiene bei 190° in etwa 30 Minuten fertig backen.

Savarin

350 g Mehl,
20 g Hefe,
40 g Zucker,
1/8 l lauwarme Milch,
2 Eier,
2 Tl Vanillezucker,
1/2 Tl Salz,
abgeriebene Schale von 1/2 Zitrone,
150 g Butter oder Margarine,
6 cl Weinbrand,
5 El Weißwein,
1/2 l Wasser, 150 g Zucker,
100 g Aprikosenmarmelade,
250 g gemischte Kompottfrüchte nach Geschmack,
1/4 l süße Sahne,
30 g Zucker

Mehl in eine Schüssel geben, in die Mitte eine Mulde drücken. Hefe hineinbröckeln und mit 40 g Zucker, Milch und Mehl verrühren. Zugedeckt 15 Minuten gehen lassen. Eier, Vanillezucker, Zitronenschale, Salz und Butter zugeben und alles zu einem glatten Teig verkneten. Teig schlagen, bis er Blasen wirft. 2 Stunden gehen lassen.
Eine gefettete Kranzform oder eine Savarinform mit Mehl bestäuben, den Teig einfüllen und noch einmal 1 Stunde gehen lassen. Savarin in den vorgeheizten Ofen auf die untere Schiene stellen und bei 200° etwa 30 Minuten backen.
Weinbrand mit Weißwein, Wasser und 150 g Zucker unter Rühren aufkochen. Der Zucker muß sich vollkommen lösen. Den Savarin aus der Form lösen und in eine Schüssel legen. Die Zuckerlösung darübergießen und in den Kuchen einziehen lassen. Sobald der Savarin völlig davon durchtränkt ist, ihn auf eine Platte legen.
Aprikosenmarmelade auf kleiner Flamme glattrühren. Savarin mit der Marmelade überziehen. Die Kompottfrüchte gut abtropfen lassen und in den Ring füllen. Sahne mit Zukker steif schlagen und den Rand des Savarins mit Sahnetupfen garnieren. Sofort servieren.
Sie können die Kompottfrüchte auch mit Alkohol, zum Beispiel Rum oder Weinbrand aromatisieren, bevor Sie sie in den Savarin füllen. Oder Sie verwenden Rumtopffrüchte. Der Savarin sollte dann aber mit Rum anstatt Weinbrand getränkt werden.

Alle-Früchte-Kuchen

Für den Teig:
500 g Mehl, 40 g Hefe,
1 Tl Zucker,
1/8 l lauwarme Milch,
100 g Zucker,
100 g Butter oder
Margarine, 2 Eier,
1 Tl Salz;
für den Belag:
2 Äpfel,
2 El Rosinen,
1 El Rum,
8 Pfirsichhälften aus
der Dose,
2 El Preiselbeerkompott,
250 g Kirschen aus dem
Glas (ohne Stein),
100 g halbierte, entkernte
Weintrauben,
250 g Pflaumen,
8 Aprikosenhälften aus der
Dose,
2 El gehackte Mandeln,
50 g gehacktes Zitronat,
2 El gehackte Walnüsse,
100 g gemahlene Haselnüsse,
3 El Zitronensaft,
1 El Vanillezucker,
1 Tl Zimt, 150 g Zucker,
abgeriebene Schale von
1 Zitrone,
60 g flüssige Butter

Mehl in eine Schüssel geben, in die Mitte eine Mulde drücken. Hefe hineinbröckeln, mit 1 Tl Zucker, Milch und etwas Mehl verrühren. Zugedeckt 15 Minuten gehen lassen. Butter, restlichen Zucker, Eier und Salz zugeben und alles zu einem glatten Teig verkneten. Den Teig schlagen, bis er Blasen wirft und sich vom Schüsselrand löst. Bei Zimmertemperatur etwa 3 Stunden gehen lassen. Backblech fetten und mit dem Teig auslegen. Mit der flüssigen Butter bestreichen und mit den gemahlenen Haselnüssen bestreuen.
100 g Zucker mit Zimt und abgeriebener Zitronenschale mischen und ebenfalls darüberstreuen. Rosinen in Rum einweichen. Äpfel schälen, entkernen und in Spalten schneiden. Mit den Rosinen mischen. Alle Früchte bunt auf dem Teig verteilen. Pfirsiche und Weintrauben mit Zitronensaft beträufeln. Vanillezukker mit dem restlichen Zukker, Mandeln, Walnüssen und Zitronat mischen und über die Früchte streuen. Kuchen noch 60 Minuten gehen lassen. Das Blech in den vorgeheizten Ofen auf die mittlere Schiene stellen und den Kuchen bei 200° etwa 50 Minuten backen.

Schwarzwälder Kirschtorte

Rezept Kakaobiskuit von Seite 47, »Himbeersahne«,
3 El Johannisbeergelee,
8 El Kirschwasser,
1 Glas entsteinte
Sauerkirschen (ca. 450 g),
1 El Speisestärke,
3/4 l süße Sahne, 2 El Zucker,
1 Päckchen Sahnefestiger,
100 g geriebene Schokolade

1/8 l Kirschsaft abgemessen, aufkochen und mit kalt angerührter Speisestärke binden. Abgetropfte Sauerkirschen und 6 El Kirschsaft untermischen, erkalten lassen. Sahne mit Sahnefestiger, Zucker und Vanillezucker steif schlagen. Johannisbeergelee mit restlichem Kirschwasser auf kleiner Flamme glattrühren. Kakaobiskuit zweimal quer durchschneiden. Ersten Boden mit der Hälfte des Gelees bestreichen, mit den Kirschen belegen. Zweiten Boden darauflegen, mit Gelee und der Hälfte der Sahne bestreichen. Mit dem dritten Boden abdecken. Torte rundherum mit Sahne bestreichen. Garnierung: Sahne, Schokolade, Kirschen.

Preiselbeersahne

Rezept Kakaobiskuit von Seite 47, »Himbeersahne«,
1 großes Glas Preiselbeerkompott (ca. 450 g),
3/4 l süße Sahne,
2 Päckchen Sahnefestiger,
1 El Zucker,
1 El Vanillezucker,
50 g Borkenschokolade

Biskuitboden zweimal quer durchschneiden. Sahne mit Sahnefestiger, Zucker und Vanillezucker steif schlagen. Die Hälfte davon mit zwei Dritteln des glattgerührten Preiselbeerkompotts mischen. Restliche Sahne in den Kühlschrank stellen.
Unteren Tortenboden mit der Hälfte der Preiselbeersahne bestreichen, zweiten Boden darauflegen und mit dem Rest der Preiselbeersahne bestreichen. Mit dem dritten Boden abdecken. Die Torte rundherum mit der restlichen Sahne bestreichen und Sahnerosetten garnieren. Den Rest des Preiselbeerkompotts in die Rosetten füllen. Borkenschokolade zerbröckeln und die Torte damit verzieren.

Torten für Kenner und Könner

Makronen-Torte

200 g Mehl, 100 g Margarine, 50 g Zucker, 1 Prise Salz, 1 Ei, abgeriebene Schale von 1 Zitrone,
3 El Johannisbeergelee,
1 Tasse zerbröselte Mandelmakronen (Fertigprodukt),
1 Päckchen Vanille-Puddingpulver,
3 El Speisestärke,
½ l Weißwein,
175 g Zucker,
8 Eier,
Saft und abgeriebene Schale von 1 Zitrone,
Schlagsahne und Mandelmakronen zum Verzieren

Aus Mehl, Margarine, 50 g Zucker, Salz, Ei und Zitronenschale einen Mürbeteig bereiten. 30 Minuten kühl stellen. Eine Springform mit dem Teig auslegen, dabei einen 3 cm hohen Rand formen. Boden mehrmals einstechen. Im vorgeheizten Ofen bei 240° (mittlere Schiene) 15 Minuten vorbacken. Abkühlen lassen.
Für die Creme Puddingpulver und Speisestärke mit einer Tasse Wein verrühren. Restlichen Wein mit 100 g Zucker aufkochen, angerührte Speisestärke einrühren, einmal aufkochen. Eier trennen, Eigelbe mit dem restlichen Zucker verquirlen und unter die heiße Puddingmasse ziehen.
Vom Herd nehmen und schaumig schlagen, bis die Masse ausgekühlt ist. Dabei Zitronenschale und -saft einrühren. Eiweiß sehr steif schlagen und zwei Drittel davon unter die erkaltete Creme ziehen.
Den vorgebackenen Teigboden mit dem Johannisbeergelee bestreichen und die zerbröselten Makronen darüberstreuen. Die Weincreme darauffüllen und dünn mit dem restlichen Eischnee bestreichen. In den vorgeheizten Backofen auf die mittlere Schiene stellen und bei 200° etwa 60 Minuten backen. Falls erforderlich, die Oberfläche der Torte nach etwa 40 Minuten mit Alufolie abdecken, damit sie schön goldgelb bleibt. Die Torte kurz in der Form auskühlen lassen, dann vorsichtig aus der Form lösen und bis zum völligen Erkalten auf ein Kuchengitter legen.
Kurz vor dem Servieren garnieren Sie die Makronen-Torte mit Sahnetupfen und Mandelmakronen.

Nostalgie-Torte

Für den Biskuitboden:
3 Eier,
3 El heißes Wasser,
150 g Zucker,
1 Tl Vanillezucker,
80 g Mehl,
80 g Speisestärke,
½ Tl Backpulver;

für die Füllung:
6 Eigelbe,
250 g Zucker,
2 Päckchen Sahne-Puddingpulver,
10 El Milch,
Saft von 3 Orangen,
4 cl Orangenlikör,
200 g Butter,
½ Glas Orangenkonfitüre,
250 g Puderzucker,
1 Eiweiß,
2 El Zitronensaft,

Zuckerveilchen oder kandierte Veilchen zum Garnieren

Eier trennen, Eiweiß für 5 Minuten ins Tiefkühlfach stellen. Eigelbe mit heißem Wasser und 75 g Zucker schaumig schlagen. Eiweiß steif schlagen, dabei den restlichen Zucker und Vanillezucker einrieseln lassen. Auf die Eigelbcreme gleiten lassen. Mehl mit Speisestärke und Backpulver mischen und auf den Eischnee sieben. Alles vorsichtig mischen. Boden einer Springform fetten und mit Mehl bestäuben. Teig einfüllen. Form in den vorgeheizten Ofen auf die untere Schiene stellen und den Biskuit bei 200° etwa 35 Minuten backen. Erkalten lassen und zweimal quer durchschneiden.
200 g Zucker mit den 6 Eigelben im Wasserbad schaumig schlagen. Puddingpulver mit Milch anrühren und zusammen mit dem Orangensaft unter die Creme ziehen. Unter Rühren einmal aufkochen. Die Creme erkalten lassen, dabei häufig umrühren. Butter mit dem restlichen Zukker schaumig rühren. Creme eßlöffelweise darunter ziehen. Orangenlikör untermischen. Die Torte mit der Buttercreme füllen. Orangenkonfitüre erwärmen und glattrühren. Die Torte rundherum damit bestreichen. Puderzucker mit Eiweiß verrühren, tropfenweise den Zitronensaft zugeben. Der Guß darf nicht zu dünnflüssig werden. Die Torte mit dem Guß überziehen und sofort garnieren.

Kaffee-Torte

150 g Butter,
175 g Zucker,
1 Tl Vanillezucker,
abgeriebene Schale von
1 Zitrone,
1 Prise Salz,
1 Messerspitze Zimt,
4 Eier,
100 g Mehl,
75 g Speisestärke,
75 g geschälte, gemahlene Mandeln,
3 Tl Backpulver,
¼ l Milch,
30 g Zucker,
30 g Speisestärke,
1 Eigelb,
125 g Butter,
40 g Puderzucker,
4 cl Kaffeelikör,
⅛ l süße Sahne,
1 Tl Vanillezucker,
100 g Borkenschokolade,
12 Cocktailkirschen

Butter mit Zucker schaumig rühren. Vanillezucker, Zitronenschale, Salz, Zimt und nach und nach die Eier zugeben. Mehl mit 75 g Speisestärke, Backpulver und Mandeln mischen und unter den Teig rühren. Der Teig muß schwer reißend vom Löffel fallen. Sollte er zu fest sein, etwas Milch zugeben. Eine Kastenform fetten, Teig einfüllen und im vorgeheizten Ofen auf der unteren Schiene bei 180° etwa 60 Minuten backen. Auf einem Kuchengitter erkalten lassen. Dann zweimal waagerecht durchschneiden. Speisestärke mit Eigelb und etwas kalter Milch verquirlen, restliche Milch und den Zucker aufkochen, vom Herd ziehen und die angerührte Speisestärke einrühren. Einmal aufkochen und dann abkühlen lassen. Butter mit Puderzucker schaumig rühren. Eßlöffelweise die erkaltete Creme einrühren. Zum Schluß den Kaffeelikör unterziehen. Achten Sie bitte darauf, daß alle Zutaten etwa dieselbe Temperatur haben, sonst gerinnt die Buttercreme. Den Kuchen mit der Buttercreme füllen und die Schichten zusammensetzen. Sahne mit Vanillezucker steif schlagen und die Torte rundherum mit drei Viertel der Sahne bestreichen und mit zerkleinerter Borkenschokolade verzieren. Restliche Sahne in einen Spritzbeutel füllen und die Torte mit Sahnetupfen garnieren. Auf jeden Tupfen eine Cocktailkirsche setzen.

Krokant-Torte

140 g Zucker,
80 g geriebene Mandeln,
60 g Butter,
6 Eier,
1 Tropfen Bittermandel-Öl,
50 g Mehl,
100 g Zucker,
100 g geriebene Mandeln,
50 g Butter,
12 Blatt weiße Gelatine,
¾ l süße Sahne,
1 El Zucker

80 g Zucker in einer Pfanne erhitzen, bis er flüssig geworden ist. 80 g geriebene Mandeln einstreuen und etwa 2 Minuten unter ständigem Rühren hellbraun rösten. Die Masse auf ein gut gefettetes Backblech streichen und erkalten lassen. Dann in Klarsichtbeutel geben und mit dem Nudelholz zerdrücken.
60 g Butter schaumig rühren. Eier trennen, Eigelbe und 60 g Zucker nach und nach einrieseln lassen. Schlagen, bis sich der Zukker gelöst hat. Eiweiß sehr steif schlagen, auf die Eigelbcreme gleiten lassen. Mehl und Krokantbrösel darübergeben und alles vorsichtig mischen. Springform einfetten und mit Mehl ausstreuen. Teig einfüllen und im vorgeheizten Ofen auf der mittleren Schiene bei 140° etwa 60 Minuten backen. Auf einem Kuchengitter völlig erkalten lassen.
Restlichen Zucker mit restlicher Butter in einer Pfanne erhitzen. Die Mandeln einstreuen und unter Rühren 2 Minuten hellbraun rösten. Ebenfalls auf ein gefettetes Backblech streichen und erkalten lassen. Im Klarsichtbeutel mit dem Nudelholz fein zerdrücken. Den Tortenboden einmal quer durchschneiden. Gelatine in kaltem Wasser 10 Minuten quellen lassen. Ausdrücken und unter Rühren erwärmen, bis sie sich gelöst hat. Die Sahne steif schlagen und 1 El Zucker einrieseln lassen. Gelatine unter die Sahne mischen. Zwei Drittel der Schlagsahne auf dem ersten Boden verteilen, glattstreichen und den zweiten Boden darauflegen. Die Torte an Oberfläche und Rand mit der restlichen Sahne bestreichen und mit dem Krokant bestreuen. Vor dem Servieren kalt stellen.

Sherry-Torte

Für den Teig:
3 Eier, 150 g Zucker,
3 El heißes Wasser,
80 g Mehl,
80 g Speisestärke,
1 gestrichener Tl Backpulver,
1 Prise Salz;
für die Makronenmasse:
2 Eiweiß,
110 g geschälte, gemahlene Mandeln, 125 g Zucker,
3 Tropfen Bittermandel-Öl;
für die Creme:
¼ l Milch, 30 g Zucker,
30 g Speisestärke, 1 Eigelb,
125 g Butter,
50 g Puderzucker,
2 El Sherry medium dry,
3 El Sherry medium dry zum Tränken der Torte

Eier trennen, Eiweiß für 5 Minuten ins Tiefkühlfach stellen. Eigelbe mit Zucker und Wasser schaumig schlagen. Eiweiß steif schlagen und auf die Eigelbcreme gleiten lassen. Mehl mit Speisestärke, Backpulver und Salz mischen, auf den Eischnee sieben. Alles vorsichtig mischen. Den Boden einer Springform fetten, Teig einfüllen und in den vorgeheizten Ofen auf die untere Schiene stellen. Bei 200° etwa 35 Minuten backen. Auf einem Kuchengitter erkalten lassen.
Für die Makronenmasse die Eiweiß sehr steif schlagen. Zucker, Mandeln und Bittermandel-Öl einschlagen. Ein Backblech mit gefettetem Pergamentpapier auslegen und die Masse etwa 5 mm dick daraufstreichen. Im vorgeheizten Rohr auf der mittleren Schiene bei 160° etwa 35 Minuten bakken. Die fertige Makrone muß fest sein. Den Springformrand auf die Makrone legen und eine Platte in derselben Größe ausschneiden. Die restliche Makrone zerbröseln und im Backofen knusprig rösten. Für die Creme Speisestärke mit Eigelb und etwas Milch verquirlen. Restliche Milch mit Zucker zum Kochen bringen. Speisestärke einrühren, einmal aufkochen und erkalten lassen. Sherry einrühren. Butter mit Puderzucker schaumig rühren und eßlöffelweise die kalte Creme unterrühren. Ein Drittel der Creme auf den Makronenboden streichen. Biskuit darauflegen und mit Sherry tränken. Torte rundherum mit der restlichen Creme bestreichen und mit den Makronenbröseln bestreuen.

Ostertorte

250 g Butter oder Margarine,
1 Tl Vanillezucker,
150 g Zucker,
5 Eier,
1 Prise Salz,
abgeriebene Schale von 1 Zitrone,
200 g Mehl,
100 g Speisestärke,
1 gestrichener Tl Backpulver,
175 g geriebene, geschälte Mandeln,
150 g Johannisbeergelee,
150 g Orangenkonfitüre,
400 g Puderzucker,
2 Eiweiß, 3 El Wasser,
2 El weißer Rum,
⅛ l süße Sahne,
kandierte Früchte zum Garnieren

Das weiche Fett mit Zucker, Vanillezucker, Eiern, Salz und Zitronenschale in eine Schüssel geben. Mehl, Speisestärke, Backpulver und Mandeln mischen, zugeben und alles zu einem glatten Teig verrühren.
Zwei Springformen von je 26 cm und 15 bis 18 cm Durchmesser fetten, Teig einfüllen. Die Böden nacheinander im vorgeheizten Ofen auf der unteren Schiene backen: den größeren

bei 190° etwa 45 Minuten, den kleineren bei 180° etwa 35 Minuten. Nach dem Erkalten beide Tortenböden je einmal quer durchschneiden. Den kleineren Boden mit zwei Drittel des Johannisbeergelees und den größeren mit der Orangenkonfitüre füllen. Den kleineren Boden auf der Unterseite mit dem restlichen Johannisbeergelee bestreichen und auf den größeren Boden legen.
Für den Guß den Puderzucker mit Eiweiß und Rum verrühren, eventuell etwas Wasser zugeben, wenn der Guß zu fest sein sollte. Die Torte rundherum mit dem Guß überziehen und mit kandierten Früchten garnieren. Sahne steif schlagen, in den Spritzbeutel füllen und die Torte mit Sahnetupfen verzieren. Sie können diese Ostertorte auch in eine hochprozentige Vatertags-Torte verwandeln: Mischen Sie unter den Teig des größeren Bodens 30 g Kakao. Die erkalteten Böden tränken Sie dann mit ⅛ l Orangenlikör, den Sie mit 3 El Orangensaft gemischt haben. Füllen Sie die Böden wie oben beschrieben und überziehen Sie sie mit dem Guß.

Nougat-Torte

7 Eiweiß, 1 Prise Salz,
225 g Zucker,
1 El Vanillezucker,
einige Tropfen Bittermandel-Öl,
50 g geriebene, geschälte Mandeln,
175 g Mehl, 100 g Butter,
½ l Milch,
60 g Speisestärke,
3 Eigelbe,
300 g Nougat,
2 El Zucker,
200 g Puderzucker,
6 El Kirschwasser,
250 g Butter,
4 El süße Sahne,
50 g Milchschokolade,
12 Nougatpralinen

Eiweiß mit Salz schnittfest schlagen, langsam Vanillezucker und 225 g Zucker unterschlagen. Bittermandel-Öl, Mandeln, Mehl und 100 g geschmolzene und wieder abgekühlte Butter unterziehen. Teig in 5 bis 6 Portionen aufteilen und nacheinander in einer gefetteten Springform im vorgeheizten Ofen (mittlere Schiene) bei 200° je 15 Minuten backen. Böden auf einem Kuchengitter abkühlen lassen.
Für die Creme 6 El von der Milch abnehmen und darin die Speisestärke sowie die 3 Eigelbe anrühren. Restliche Milch mit 100 g Nougat und 2 El Zucker aufkochen, angerührte Speisestärke einrühren. Einmal aufkochen, dann erkalten lassen.
100 g Puderzucker mit der restlichen Butter schaumig rühren, erkaltete Creme und 4 El vom Kirschwasser unterziehen. Restliches Nougat mit restlichem Puderzucker, 2 El Kirschwasser und 4 El Sahne glattrühren (eventuell im Wasserbad leicht erwärmen). Helle und dunkle Nougatcreme abwechselnd auf die Böden streichen, diese zusammensetzen. Oberfläche und Rand der Torte mit heller Nougatcreme bestreichen. Schokolade raspeln, auf die Torte streuen. Die restliche Creme in einen Spritzbeutel füllen und die Torte mit Cremetupfen verzieren. Zum Schluß mit den Nougatpralinen garnieren. Die Torte läßt sich schneller zubereiten (und schmeckt fast ebenso gut), wenn Sie einen fertig gekauften Biskuitboden mit der Nougatcreme füllen. Dazu schneiden Sie den Boden drei bis viermal quer durch.

Sacher-Torte

150 g zartbittere Schokolade,
150 g Butter,
180 g Puderzucker, 6 Eier,
150 g Mehl, 1 Tl Backpulver,
½ Glas Aprikosenmarmelade,
1 El Cognac,
2 Becher Schokoladenkuvertüre

Grob zerkleinerte Schokolade im Wasserbad schmelzen lassen. Abgekühlt mit Fett und 150 g Puderzucker zu einer dickschaumigen Creme schlagen. Eier trennen, Eigelbe nach und nach unter die Creme schlagen. Eiweiß mit dem restlichen Puderzucker zu steifem Schnee schlagen, auf die Schokoladenmasse gleiten lassen. Mehl mit Backpulver mischen und auf den Eischnee sieben. Alles vorsichtig mischen. Teig in eine mit Pergamentpapier ausgelegte Springform füllen und im vorgeheizten Ofen auf der unteren Schiene bei 180° etwa 45 Minuten backen. Aprikosenmarmelade mit Cognac bei milder Hitze glattrühren. Die Oberfläche der Torte damit bestreichen. Torte mit Kuvertüre überziehen.

Mokka-Sahne-Torte

100 g Butter,
8 Eier,
250 g Puderzucker,
1 Tl Vanillezucker,
abgeriebene Schale von 1 Zitrone,
1 Prise Salz,
150 g Mehl,
6 cl Cognac,
3/4 l süße Sahne,
2 Päckchen Sahnefestiger,
50 g Puderzucker,
3 El Instant-Kaffee,
12 Mokkabohnen und
25 g Schokolade zum Garnieren

Butter zerlassen und wieder abkühlen lassen. Eier mit 250 g Puderzucker, Vanillezucker, Zitronenschale und Salz im Wasserbad schaumig schlagen. Die Masse muß leicht steif werden. Von der Kochplatte ziehen und kalt schlagen. Mehl darüber sieben und vorsichtig unterheben. Zum Schluß die Butter unterziehen. Eine Springform mit gefettetem Pergamentpapier auslegen und mit Mehl bestäuben. Den Teig in die Form füllen und im vorgeheizten Ofen auf der mittleren Schiene bei 180° etwa 50 Minuten backen. Herausnehmen, aus der Form lösen und auf einem Kuchengitter erkalten lassen, Pergamentpapier abziehen. Puderzucker und Instant-Kaffee mischen. Sahne mit Sahnefestiger steif schlagen, dabei das Puderzucker-Kaffee-Gemisch einrieseln lassen.
Tortenboden einmal quer durchschneiden und beide Hälften mit dem Cognac tränken. Ein Drittel der Kaffee-Sahne auf den unteren Boden geben und gleichmäßig verstreichen. Den zweiten Boden darauflegen und leicht andrücken. Die Torte an Oberfläche und Rand mit dem zweiten Drittel der Sahne bestreichen. Restliche Sahne in einen Spritzbeutel füllen und die Torte hübsch mit Sahnetupfen garnieren. Auf jeden Tupfen eine Mokkabohne legen. Schokolade grob reiben und die Mitte der Torte damit verzieren. Die Torte schmeckt auch so:
Tränken Sie die Böden mit 4 El frischgepreßtem Orangensaft. Statt Kaffee geben Sie 3 El Instant-Schokoladenpulver an die Sahne. Garnierung: Schokolade.

Zuger Kirschtorte

Japonaisböden:
3 Eiweiß, 75 g Zucker,
50 g geriebene Mandeln,
1 Tl Mehl;
Biskuitboden:
5 Eigelbe, 150 g Zucker,
1 Tl abgeriebene Zitronenschale,
70 g Mehl, 70 g Speisestärke,
½ Tl Backpulver,
80 g Butter,
5 Eiweiß;
für die Creme:
200 g Butter,
80 g Puderzucker,
4 El Kirschwasser,
1 El Johannisbeergelee;
zum Tränken:
⅛ l Kirschwasser,
6 El Wasser, 3 El Zucker;
2 El geriebene Mandeln,
3 El Mandelblättchen,
Puderzucker zum Bestäuben

Für die Japonaisböden das Eiweiß mit der Hälfte des Zuckers steif schlagen. Restlichen Zucker, Mandeln und Mehl zufügen. Die Masse auf 2 Springformböden verteilen und im vorgeheizten Rohr bei 150° in etwa 15 Minuten hellgelb backen. Aus der Form lösen und ganz auskühlen lassen. Für den Biskuitboden Zukker, Zitronenschale und Eigelbe weißschaumig schlagen, Mehl, Speisestärke und Backpulver mischen, auf die Eicreme sieben und locker untermischen. Butter erwärmen, bis sie flüssig, aber nicht heiß ist. Teelöffelweise zum Teig geben. Eiweiß sehr steif schlagen und vorsichtig unterziehen. In eine gefettete, bemehlte Springform geben und im vorgeheizten Rohr bei 180° etwa 45 Minuten backen. Abkühlen lassen. Eine Buttercreme aus 200 g Butter, 80 g Zucker, 4 El Kirschwasser und Johannisbeergelee bereiten.

⅛ l Kirschwasser mit 6 El Wasser und 3 El Zucker zu Sirup kochen.

Den ersten Japonaisboden auf der Oberseite dick mit der Creme bestreichen. Den mit Sirup getränkten Biskuitboden darauflegen, mit Creme bestreichen und mit dem zweiten Japonaisboden abdecken. Die Torte rundherum mit Creme bestreichen. Den Rand mit gerösteten Mandelblättchen, die Oberfläche mit gerösteten, geriebenen Mandeln und Puderzucker bestreuen.

Advent-Torte

3 Eier, 4 El warmes Wasser,
150 g Zucker,
1 Tl Vanillezucker,
100 g Mehl,
80 g Speisestärke,
3 gestrichene Tl Backpulver,
100 g ungeschälte,
geriebene Mandeln,
½ l süße Sahne,
2 Päckchen Sahnefestiger,
3 El Zucker,
Schokoladenstreusel und
Schokoladentäfelchen zum
Verzieren

Eigelbe und Wasser schaumig schlagen, nach und nach 100 g Zucker und Vanillezucker zugeben. Eiweiß mit dem restlichen Zucker steif schlagen, auf die Eigelbcreme geben. Mehl, Speisestärke, Mandeln und Backpulver mischen, auf den Eischnee geben. Alles vorsichtig mischen.
Springformboden fetten, Teig in die Form füllen und im vorgeheizten Ofen (untere Schiene) bei 200° etwa 35 Minuten backen. Nach dem Erkalten zweimal quer durchschneiden. Sahne mit Sahnefestiger und Zucker steif schlagen, Torte füllen und garnieren.

Nußtorte

Für den Teig:
375 g gemahlene Haselnüsse,
1 Tl Zimt,
abgeriebene Schale von
1 Orange, 25 g Mehl,
8 Eier,
300 g Zucker,
1 Tl Vanillezucker,
2 Tropfen Backöl Zitrone,
1 Prise Salz;
für die Füllung:
200 g Nougat,
125 g Butter;
150 g Johannisbeergelee und
2 cl Kirschwasser zum
Bestreichen;
für die Glasur:
225 g Puderzucker,
4 El heißes Wasser,
3 Eiweiß,
1 Tl Zitronensaft,
1 Prise Salz;
Mandelblättchen und
12 Cocktailkirschen
zum Garnieren

Haselnüsse mit Zimt, Orangenschale und Mehl mischen. Eier trennen, Eiweiß für 5 Minuten ins Tiefkühlfach stellen. Eigelbe mit 200 g Zucker, Vanillezukker, Backöl Zitrone und Salz schaumig schlagen. Eiweiß steif schlagen, dabei nach und nach den restlichen Zucker zugeben. Auf die Eigelbcreme gleiten lassen. Darüber die Haselnußmischung geben. Vorsichtig mischen. Den Boden einer Springform einfetten und mit Mehl bestäuben. Teig einfüllen und im vorgeheizten Ofen auf der mittleren Schiene bei 160° etwa 90 Minuten backen. Aus der Form lösen und auf einem Kuchengitter erkalten lassen. Dann zweimal quer durchschneiden. Nougat zerdrücken und mit der weichen Butter verrühren. Im Wasserbad geschmeidig schlagen. Die Torte mit der Creme füllen und zusammensetzen. Johannisbeergelee mit Kirschwasser auf kleiner Flamme leicht erwärmen und glattrühren. Die Torte rundherum damit bestreichen. Puderzukker mit dem heißen Wasser verrühren. Erhitzen, bis die Masse flüssig ist. Eiweiß sehr steif schlagen. Mit der Puderzuckermasse, Zitronensaft und Salz mischen. Die Torte von allen Seiten dick damit bestreichen. Dabei die Glasur hübsch modellieren. Mandelblättchen leicht anrösten und den Tortenrand damit bestreuen. Mit Kirschen garnieren.

Schokoladen-Torte

1 Paket Backmischung Schokoladen-Torte,
100 g Butter oder Margarine,
3 Eier,
9 El Wasser,
30 g weiche Butter,
5 El kochendes Wasser

Die Backmischung, 100 g weiches Fett, Eier und 9 El Wasser in einer Schüssel mit dem elektrischen Rührgerät bei höchster Schaltstufe 3 Minuten cremig rühren. Teig in eine gefettete Springform füllen und im vorgeheizten Ofen bei 175° auf der unteren Schiene etwa 50 Minuten backen. Etwas abkühlen lassen, aus der Form lösen und auf einem Kuchengitter in 2 Stunden erkalten lassen.
Die Crememischung mit dem kochenden Wasser mit dem Rührgerät bei höchster Schaltstufe 3 Minuten rühren. Butter zugeben und kurz durchschlagen. Torte einmal quer durchschneiden, mit einem Drittel der Creme füllen. Mit der restlichen Creme Oberfläche und Rand bestreichen.

Frankfurter Kranz

Für den Teig:
150 g Butter, 175 g Zucker,
4 Eier,
1 Päckchen Vanillinzucker,
abgeriebene Schale von
½ Zitrone, 1 Prise Salz,
175 g Mehl,
75 g Speisestärke,
3 gestrichene Tl Backpulver;
für die Creme:
½ l Milch, 60 g Zucker,
60 g Speisestärke,
2 Eigelbe,
250 g Butter,
1 El Vanillezucker,
100 g Puderzucker,
1 cl Kirschwasser;
für den Belag:
20 g Butter, 200 g Zucker,
200 g geschälte, gehobelte Mandeln

Für den Teig Butter und Zucker schaumig rühren. Nach und nach Eier, Zitronenschale, Vanillinzucker und Salz unterrühren. Mehl mit Backpulver und Speisestärke mischen, eßlöffelweise zum Teig geben. In eine gefettete, mit Semmelbröseln ausgestreute Kranzform füllen und im vorgeheizten Ofen auf der unteren Schiene bei 200° etwa 45 Minuten backen. Aus der Form lösen und auf einem Kuchengitter abkühlen lassen.

Für die Creme Speisestärke mit 4 El Milch verrühren. Eigelbe mit der Flüssigkeit verquirlen. Restliche Milch mit Zucker zum Kochen bringen. Angerührte Speisestärke zugeben, einmal aufkochen und abkühlen lassen. Kirschwasser unterrühren. Butter mit Puderzucker und Vanillezucker schaumig rühren, die abgekühlte Creme eßlöffelweise darunterziehen. Den Kranz zweimal quer durchschneiden, mit der Buttercreme füllen, zusammensetzen und ringsherum mit der Creme bestreichen. Etwas Creme zum Garnieren zurückbehalten. Butter in einer Pfanne zerlassen, Zukker einrühren und unter ständigem Rühren schmelzen. Auf kleiner Flamme hellbraun rösten. Dann die Mandeln zugeben, unter Rühren ebenfalls hellbraun anrösten. Die Masse auf ein eingeöltes Backblech streichen und erkalten lassen. Dann mit dem Kartoffelstampfer fein zerkleinern. Die Torte mit dem Krokant bestreuen, mit Cremetupfen garnieren.

Tarte au citron

Für den Teig:
240 g Mehl,
120 g Butter,
100 g Puderzucker,
1 Ei, 1 Prise Salz,
abgeriebene Schale von
1 Zitrone,
500 g getrocknete Erbsen zum Blindbacken;
für die Füllung:
300 g Zucker,
150 g Butter,
3 Eier,
Saft und abgeriebene Schale von 2 Zitronen,
3 Blatt weiße Gelatine;
für die Glasur:
60 g Zucker,
4 El heißes Wasser;
8 dünne Zitronenscheiben,
8 Cocktailkirschen

Mehl auf die Arbeitsfläche sieben. In die Mitte eine Mulde drücken. Die weiche Butter und den Puderzukker hineingeben und mit den Händen vorsichtig zu einem glatten Teig kneten. Ei, Salz und abgeriebene Zitronenschale zufügen und noch einmal gut durchkneten. Den Teig 30 Minuten kühl stellen.

Eine Springform mit dem Teig auskleiden und dabei einen 3 cm hohen Rand formen. Den Boden mehrmals mit der Gabel einstechen und mit Pergamentpapier auslegen. Getrocknete Erbsen auf den Boden geben. Form in das vorgeheizte Rohr auf die mittlere Schiene stellen und den Tortenboden bei 200° etwa 25 Minuten backen. Aus der Form lösen und auf einem Kuchengitter auskühlen lassen. Die Erbsen wegwerfen.

Für die Füllung Zucker mit Butter, Zitronenschale und -saft im Wasserbad schaumig schlagen. Gelatine 10 Minuten in kaltem Wasser einweichen, ausdrücken und zusammen mit den Eiern zur Creme geben. Weiterschlagen, bis die Creme dickflüssig wird. Einige Minuten abkühlen lassen, dann auf den Tortenboden gießen. Das Ganze in den Kühlschrank stellen und erstarren lassen. Für die Glasur den Zucker mit Wasser aufkochen und unter Rühren zu einem dicken Sirup einkochen. Die Zitronenscheiben darin 2 Minuten ziehen lassen. Glasur über die Torte gießen, gleichmäßig verstreichen und die Torte hübsch mit den Zitronenscheiben und Cocktailkirschen garnieren.

Käsesahne-Torte

Für den Biskuitboden:
3 Eier, 3 El heißes Wasser,
125 g Zucker,
1 Tl Vanillezucker,
75 g Mehl,
50 g Speisestärke,
1 Messerspitze Backpulver;
für die Käsecreme:
10 Blatt weiße Gelatine,
4 Eigelbe,
200 g Puderzucker,
1 El Vanillezucker,
1000 g Magerquark,
3 El Zitronensaft,
abgeriebene Schale von
1½ Zitronen,
1 Tl Weinbrand,
1 Prise Salz,
½ l süße Sahne,
200 g Johannisbeergelee,
Puderzucker zum Bestreuen

Eier trennen, Eiweiß für 5 Minuten ins Tiefkühlfach stellen. Eigelbe mit heißem Wasser, Zucker und Vanillezucker schaumig schlagen. Eiweiß zu steifem Schnee schlagen, auf die Eigelbcreme gleiten lassen. Mehl mit Backpulver und Speisestärke mischen, auf den Eischnee sieben und alles vorsichtig mischen. Den Boden einer Spring-

form fetten, Teig einfüllen und im vorgeheizten Ofen bei 200° auf der unteren Schiene etwa 25 Minuten backen. Aus der Form lösen und abkühlen lassen.
Gelatine in kaltem Wasser einweichen. Eigelbe mit Vanillezucker und Puderzukker schaumig rühren, bis sich der Zucker vollkommen gelöst hat. Nacheinander Magerquark, Zitronensaft, Zitronenschale, Weinbrand und Salz zugeben und gut vermischen. Gelatine ausdrücken und in 2 El heißem Wasser auflösen. Unter die Quarkmasse rühren. Sahne steif schlagen. Wenn die Creme beginnt, dick zu werden, Sahne unterziehen.
Tortenboden einmal quer durchschneiden. Den unteren Boden in die Springform legen und von innen einen Streifen Alufolie um den Rand legen. Tortenboden zuerst mit dem glattgerührten Johannisbeergelee, dann mit der Quarksahne bestreichen. Den zweiten Boden darauflegen und etwas andrücken. Die Torte einen Tag kühlen.
Springformrand und Alufolie vorsichtig lösen.
Die Käsesahne-Torte mit Puderzucker übersieben.

Mandeltorte

6 Eiweiß,
2 El Sahnefestiger,
200 g Puderzucker,
1 Tl Vanillezucker,
200 g geschälte, gemahlene Mandeln,
2 Tropfen Bittermandel-Öl,
2 El gehackte Mandeln,
¼ l Schlagsahne,
½ El Vanillezucker,
1 El Zucker,
kandierte Früchte zum Garnieren

Eiweiß mit Puderzucker im Wasserbad steif schlagen. Sahnefestiger und Vanillezucker untermischen. Mandeln und Bittermandel-Öl vorsichtig unterheben. Den Boden einer Springform fetten und mit Semmelbröseln bestreuen. Mandelmasse einfüllen, mit den gehackten Mandeln bestreuen und im vorgeheizten Ofen auf der mittleren Schiene bei 180° etwa 60 Minuten backen. Aus der Form lösen und abkühlen lassen. Sahne mit Vanillezucker und Zukker steif schlagen. Die Oberfläche der erkalteten Torte damit garnieren. Kandierte Früchte hübsch auf der Sahne anordnen. Sofort servieren.

Prinzregenten-Torte

Für den Teig:
7 Eier,
125 g Zucker,
abgeriebene Schale von ½ Zitrone,
1 Prise Salz,
50 g Speisestärke,
150 g Mehl,
50 g Butter;
für die Füllung:
½ l Milch,
1 Päckchen Schokoladen-Puddingpulver,
100 g Zucker,
2 Eigelbe,
200 g Butter,
1 El Kakao;
2 Becher Schokoladenkuvertüre zum Glasieren

Eier mit Zucker im Wasserbad schaumig schlagen. Herausnehmen und kaltschlagen. Zitronenschale und Salz zugeben. Mehl mit Speisestärke mischen, auf die Creme sieben und vorsichtig unterheben. Butter zerlassen, etwas abkühlen lassen und zum Schluß unter den Teig ziehen. Das Bodenblech der Springform fetten und mit Mehl bestäuben. Knapp 2 Eßlöffel des Teiges auf den Boden streichen und im vorgeheizten Ofen auf der mittleren Schiene bei 220° etwa 6 Minuten backen. Boden herausnehmen, von der Springform lösen und auf ein Kuchengitter legen. Springformboden kurz unter kaltes Wasser halten, abtrocknen, fetten und mit Mehl bestäuben. Wiederum 2 Eßlöffel des Teiges backen. Fortfahren, bis alle Böden gebacken sind.
Für die Füllung das Puddingpulver in ½ Tasse Milch anrühren. Eigelbe darin verquirlen. Restliche Milch mit Zucker zum Kochen bringen, Puddingpulver einrühren. Einmal aufkochen und erkalten lassen. Mehrmals umrühren, damit sich keine Haut bildet. Butter schaumig rühren und den abgekühlten Pudding eßlöffelweise darunterziehen. Zum Schluß den Kakao unterrühren.
Die Tortenböden mit der Buttercreme bestreichen, zusammensetzen und die Torte ringsherum mit der restlichen Creme bestreichen. Kuvertüre im Wasserbad auflösen und die Torte damit überziehen.

△

Trüffel-Torte

Für den Teig:
6 Eier, 140 g Zucker,
1 Prise Salz,
1 Tl Vanillezucker,
¼ l süße Sahne,
2 El Rum,
1 El Orangensaft,
200 g Blockschokolade,
200 g geschälte, gemahlene Mandeln,
75 g Speisestärke,
75 g Mehl,
1 Tl Backpulver;
400 g Aprikosenmarmelade,
3 El Rum,
2 Becher Schokoladenkuvertüre,
1 Päckchen Schokoladenstreusel,
12 Schokoladentrüffel zum Garnieren

Eier trennen, Eiweiß bis zur Verarbeitung ins Tiefkühlfach stellen. Eigelbe mit Zucker, Salz, Vanillezucker und Sahne schaumig schlagen. Rum und Orangensaft zugeben und unterrühren. Schokolade fein reiben, mit Mandeln, Mehl, Speisestärke und Backpulver mischen.
Eiweiß zu steifem Schnee schlagen, auf die Eigelbcreme gleiten lassen. Mandel-Mehl-Gemisch darüber verteilen und alles vorsichtig miteinander vermischen. Teig in eine gefettete, mit Mehl ausgestreute Springform füllen und im vorgeheizten Ofen auf der unteren Schiene bei 200° etwa 85 Minuten backen.
Herausnehmen, aus der Form lösen und auf einem Kuchengitter vollkommen abkühlen lassen.
Am nächsten Tag einmal quer durchschneiden.
Aprikosenmarmelade mit Rum bei milder Hitze glattrühren. Zwei Drittel davon auf den unteren Tortenboden streichen. Den zweiten Boden darauflegen und die Torte rundherum mit der restlichen Marmelade überziehen.
Schokoladenkuvertüre im Wasserbad schmelzen lassen. In die Mitte der Torte geben und mit einem breiten Messer nach allen Seiten und am Rand gleichmäßig verstreichen. Den Rand mit Schokoladenstreuseln bestreuen.
Auf der Oberfläche der Torte zwölf Tortenstücke markieren. Auf jedes Stück einen Schokoladentrüffel legen. Nach 2 Stunden können Sie die Torte servieren.

Haselnuß-Torte

Für den Teig:
3 Eier,
3 El heißes Wasser,
140 g Zucker,
1 Tl Vanillezucker,
abgeriebene Schale von ½ Zitrone,
100 g Mehl,
80 g Speisestärke,
3 gestrichene Tl Backpulver,
100 g geriebene Haselnüsse;
für die Füllung:
4 El Johannisbeergelee,
1 El Weinbrand;
für die Creme:
¼ l Milch,
30 g Zucker,
30 g Speisestärke,
1 Eigelb,
75 g geriebene Haselnüsse,
2 Tropfen Bittermandel-Öl,
125 g Butter,
50 g Puderzucker;
⅛ l süße Sahne und
12 ganze Haselnüsse zum Garnieren

Eier trennen, Eiweiß für 5 Minuten ins Tiefkühlfach stellen. Eigelbe mit Zucker, Vanillezucker, Zitronenschale und heißem Wasser sehr schaumig schlagen. Eiweiß steif schlagen und auf die Eigelbcreme gleiten lassen. Mehl mit Speisestärke, Backpulver und Haselnüssen mischen, auf den Eischnee geben und alles vorsichtig mischen. Den Boden einer Springform fetten, Teig einfüllen und im vorgeheizten Ofen auf der mittleren Schiene bei 200° etwa 40 Minuten backen. Auf einem Kuchengitter erkalten lassen.

Boden einmal quer durchschneiden. Johannisbeergelee bei milder Hitze mit dem Weinbrand glattrühren und auf den unteren Boden streichen. Zweiten Boden darauflegen. Für die Creme Speisestärke mit ½ Tasse Milch und dem Eigelb verquirlen. Restliche Milch mit Zucker zum Kochen bringen. Speisestärke einrühren, einmal aufkochen, Bittermandel-Öl und Haselnüsse einrühren und erkalten lassen. Butter mit Puderzucker schaumig rühren, die erkaltete Creme eßlöffelweise zugeben und gut vermischen. Die Torte ringsherum mit der Nuß-Buttercreme bestreichen. Sahne steif schlagen und die Oberfläche der Torte mit zwölf Sahnerosetten garnieren. Auf jede Rosette eine ganze Haselnuß legen.

Punschtorte

Für den Teig:
3 Eier, 3 El Weißwein,
140 g Zucker,
1 Tl Vanillezucker,
abgeriebene Schale von ½ Orange,
100 g Mehl,
100 g Speisestärke,
2 Tl Backpulver;
für die Füllung:
6 El Weißwein,
4 El Wasser,
4 El Weinbrand,
2 El Orangensaft,
100 g Orangenkonfitüre;
für den Guß:
250 g Puderzucker,
3 El Weinbrand,
1 El Orangensaft,
20 g Kakao

Eier trennen, Eiweiß bis zur Verarbeitung ins Tiefkühlfach stellen. Eigelbe mit Weißwein, Zucker, Vanillezucker und Orangenschale schaumig schlagen. Eiweiß steif schlagen, auf die Eigelbcreme gleiten lassen. Mehl mit Speisestärke und Backpulver mischen, auf den Eischnee sieben und alles vorsichtig mischen. Den Boden einer Springform fetten, mit Pergamentpapier auslegen und noch einmal fetten. Teig einfüllen und im vorgeheizten Ofen auf der mittleren Schiene bei 180° etwa 45 Minuten backen. Herausnehmen, aus der Form lösen und auf einem Kuchengitter abkühlen lassen. Papier abziehen. Den Tortenboden zweimal quer durchschneiden.
Für die Füllung Weißwein, Wasser, Weinbrand und Orangensaft mischen. Die Tortenböden damit beträufeln. Orangenkonfitüre leicht erwärmen, glattrühren und den unteren und mittleren Boden damit bestreichen. Aufeinanderlegen und mit dem dritten Boden abdecken.
Für den Guß Puderzucker, Weinbrand und Orangensaft miteinander verrühren. Die Torte ringsherum mit der Hälfte des Gusses überziehen. Die andere Hälfte mit dem Kakao mischen. In einen Spritzbeutel mit enger Tülle geben. Von der Mitte ausgehend die Oberfläche der Torte spiralig mit einer dünnen Linie des dunklen Gusses verzieren. Der weiße Guß muß noch feucht sein. Dann sofort mit einem spitzen Messer von der Mitte aus Linien zum Tortenrand hin ziehen.

Julia-Torte

2 Pakete Tiefkühlblätterteig,
100 g Marzipan-Rohmasse,
40 g Puderzucker,
2 El Vanillezucker,
1 Ei, 2 cl Kirschwasser,
2 El Orangensaft,
1 Eigelb zum Bestreichen,
Puderzucker zum Bestreuen

Aufgetauten Blätterteig auf bemehlter Arbeitsfläche etwa 5 mm dick ausrollen. Mit Hilfe des Springformbodens zwei Platten ausschneiden. Marzipan-Rohmasse mit Puderzucker, Vanillezucker, Ei, Kirschwasser und Orangensaft zu einer streichfähigen Masse verrühren. Eventuell noch etwas Orangensaft zugeben. Den einen Teigboden auf ein kalt abgespültes Backblech legen, mit der Füllung bestreichen, jedoch einen 3 cm breiten Rand frei lassen. Rand mit Eigelb bestreichen. Zweiten Boden darauflegen und gut andrücken. Aus dem restlichen Teig Plätzchen ausstechen und diese mit Eigelb auf die Torte kleben. Im vorgeheizten Ofen (untere Schiene) bei 220° etwa 30 Minuten backen. Mit Puderzucker bestreuen.

Schokoladen-Rolle

Rezept Biskuitrolle von Seite 35, »Apfelrolle«,
für die Füllung:
½ l süße Sahne,
1 Päckchen Sahnefestiger,
1 Päckchen Vanillinzucker,
4 El Nuß-Nougatcreme aus dem Glas,
1 El Schokoladenstreusel

Biskuitteig zubereiten und backen, wie im Rezept angegeben. Nach dem Backen auf ein mit Zucker bestreutes Küchentuch stürzen, Alufolie abziehen und die Rolle mit dem Küchentuch aufrollen. Erkalten lassen. Sahne mit Vanillinzucker und dem Sahnefestiger steif schlagen. Die Nuß-Nougatcreme unterziehen, jedoch so, daß die Creme sich nicht vollkommen mit der Sahne vermischt. Die Masse soll nicht zusammenfallen. Biskuit abrollen, die Hälfte der Sahne daraufstreichen und wieder aufrollen. Rundherum mit der restlichen Sahne bestreichen. Mit Schokoladenstreuseln garnieren. Vor dem Servieren 15 Minuten in den Kühlschrank stellen.

Orangentorte

1 Paket Backmischung Mandelkuchen, 100 g Butter, 1 Ei, 9 El kaltes Wasser, abgeriebene Schale von 2 Orangen, Saft von 4 Orangen, 2 El Zucker, 6 El Orangenlikör, 200 g Orangenkonfitüre, 50 g Mandelblättchen, Puderzucker zum Bestreuen

Den Teig nach Anweisung mit Fett, Ei und kaltem Wasser zubereiten. Abgeriebene Orangenschale unterrühren. Den Teig in eine gefettete Springform füllen und im vorgeheizten Ofen auf der unteren Schiene bei 180° etwa 50 Minuten backen. Abkühlen lassen. Orangensaft mit Zucker zur Hälfte einkochen. Nach dem Abkühlen den Orangenlikör einrühren. Torte einmal quer durchschneiden, die Hälften mit Sirup beträufeln, den unteren Boden mit Konfitüre bestreichen. Den zweiten Boden darauflegen, den Rand mit Konfitüre bestreichen und mit Mandelblättchen verzieren. Torte mit Puderzucker und Konfitüre verzieren.

Rotwein-Torte

Für den Teig:
6 Eier,
225 g Zucker,
2 El Rum,
1 El Vanillezucker,
200 g geriebene Haselnüsse,
½ Tl Zimt,
1 Messerspitze Nelkenpulver,
1 Messerspitze Ingwer,
50 g Mehl,
50 g Speisestärke,
2 Tl Backpulver;
zum Tränken:
¼ l Rotwein,
4 El Himbeersirup,
100 g Zucker,
2 Päckchen Vanillinzucker,
2 ganze Gewürznelken,
1 Zimtstange;
1 Becher Schokoladen-kuvertüre zum Bestreichen;
¼ l süße Sahne,
12 kandierte Kirschen zum Garnieren

Für den Teig Eigelbe, Zucker, Vanillezucker und Rum schaumig rühren. Eiweiß zu steifem Schnee schlagen und auf die Eigelbcreme gleiten lassen. Haselnüsse mit Zimt, Nelkenpulver, Ingwer, Mehl, Speisestärke und Backpulver mischen. Auf den Eischnee geben und alles vorsichtig mischen. Den Teig in eine mit Pergamentpapier oder Alufolie ausgelegte Springform füllen und im vorgeheizten Ofen auf der unteren Schiene bei 180° etwa 70 Minuten backen. Etwas abkühlen lassen, aus der Form lösen und das Papier oder die Folie entfernen. Die Torte auf einem Kuchengitter vollkommen erkalten lassen. Für den Sirup Rotwein mit den restlichen Zutaten erhitzen und 10 Minuten ziehen lassen. Die Torte in eine weite Schüssel legen und mit einem Holzstäbchen einstechen. Bitte achten Sie darauf, daß Sie die Torte nicht ganz durchstechen, sonst verteilt sich die Flüssigkeit nicht so gut. Den Kuchen nun mit dem Rotwein-Gemisch tränken. Einige Stunden gut durchziehen lassen.
Schokoladenkuvertüre im Wasserbad schmelzen, den Kuchen damit überziehen. Die Sahne steif schlagen und die Oberfläche der Torte mit Sahnerosetten verzieren. In jede Rosette eine kandierte Kirsche legen.

Schichttorte

Für den Teig:
250 g Butter oder Margarine,
175 g Zucker,
1 El Vanillezucker,
abgeriebene Schale von 1 Zitrone,
2 El Weinbrand,
4 Eier, 1 Prise Salz,
125 g Mehl,
125 g Speisestärke,
1 Tl Backpulver;
für die Füllung:
¼ l Milch, 30 g Zucker,
30 g Speisestärke,
1 Eigelb,
3 El Orangenlikör,
125 g Butter,
50 g Puderzucker,
100 g Johannisbeergelee,
100 g Aprikosenkonfitüre,
100 g Zitronengelee;
für den Guß:
150 g Puderzucker,
1 El Orangensaft,
1 El Orangenlikör;
12 kandierte Orangen-scheiben zum Garnieren

Für den Teig Fett mit Zucker, Vanillezucker und Zitronenschale schaumig rühren. Nach und nach die Eier sowie Weinbrand und Salz einrühren. Mehl, Speisestärke und Backpulver mischen, eßlöffelweise zum Teig geben und unterrühren. Ein Fünftel des Teiges in eine gefettete Springform streichen und im vorgeheizten Ofen auf der mittleren Schiene bei 180° etwa 15 Minuten backen. Boden aus der Form lösen, Springform unter kaltes Wasser halten, abtrocknen, fetten und das zweite Fünftel des Teiges ebenso backen. Fortfahren, bis der Teig verbraucht ist. Alle fünf Böden vollkommen erkalten lassen. Für die Füllung Speisestärke mit etwas Milch glattrühren. Eigelb damit verquirlen. Restliche Milch mit Zucker zum Kochen bringen, Speisestärke einrühren, aufkochen und vom Herd ziehen. Orangenlikör unterrühren. Creme erkalten lassen. Butter mit Puderzucker schaumig rühren, die Creme eßlöffelweise unterziehen.
Je einen Tortenboden mit Johannisbeergelee, Aprikosenkonfitüre, Zitronengelee und Orangenbuttercreme bestreichen. Böden aufeinanderlegen. Die Torte mit dem Guß aus Puderzucker, Orangenlikör und -saft rundherum überziehen. Solange der Guß noch weich ist, die kandierten Orangenscheiben darauflegen.

Kleinigkeiten mit Pfiff

Biskuit-Omeletts

1 Paket Backmischung Biskuitteig,
500 g Magerquark,
1 Glas Sauerkirschen (ca. 250 g),
¼ l süße Sahne,
100 g Zucker,
Puderzucker zum Bestäuben

Teig nach Anweisung mit den erforderlichen Zutaten zubereiten. Ein Backblech mit Pergamentpapier auslegen und fetten. Für jedes Biskuit-Omelett 3 El Teig aufs Blech geben. Sie können auf einem Blech vier Omeletts backen. Im vorgeheizten Ofen auf der mittleren Schiene bei 220° etwa 6 Minuten backen. Vom Papier lösen und vorsichtig zusammenklappen.
Für die Füllung den Quark mit 1 El Kirschsaft glattrühren. Sahne mit Zucker steif schlagen und unter den Quark ziehen. Sauerkirschen gut abtropfen lassen, unter die Quarkmasse heben. Die erkalteten Omeletts mit dem Quark füllen. Mit Puderzucker bestäuben. Ganz frisch schmecken die Omeletts am besten.

Baiser-Törtchen

4 Eiweiß,
150 g Puderzucker,
1 Tl Zitronensaft,
¾ l süße Sahne,
200 g frische oder tiefgekühlte Himbeeren,
2 El Zucker,
1 El Vanillezucker,
1½ Päckchen Sahnefestiger,
1 El Kakao,
Mokkabohnen, kandierte Kirschen und Himbeeren zum Garnieren

Eiweiß mit Zitronensaft zu steifem Schnee schlagen. Puderzucker dabei einstreuen. Mit einem Spritzbeutel beliebige Formen auf ein mit gefettetem Pergamentpapier ausgelegtes Backblech spritzen. Blech in den vorgeheizten Ofen auf die mittlere Schiene schieben und die Baisers bei 120° etwa 80 Minuten trocknen lassen. Erkalten lassen. Sahne mit Sahnefestiger, Vanillezucker und Zucker steif schlagen. Je ein Drittel mit pürierten Himbeeren und Kakao mischen. Die Baisers mit Sahne füllen und garnieren. Baisers müssen sofort serviert werden.

Mandel-Törtchen

½ Paket Tiefkühlblätterteig,
100 g Zucker, 2 Eier,
1 El süße Sahne,
1 El Mandellikör,
200 g geschälte, gemahlene Mandeln,
abgeriebene Schale von 1 Zitrone,
2 Tropfen Bittermandel-Öl,
10 ganze Mandeln,
Puderzucker zum Bestreuen

Aufgetauten Blätterteig etwa 3 mm dick ausrollen, kalt ausgespülte Förmchen von etwa 10 cm Durchmesser auskleiden. Der Teig soll am Rand leicht überstehen.
Eier mit Sahne und Zucker schaumig schlagen. Mandellikör und abgeriebene Zitronenschale unterrühren. Bittermandel-Öl und gemahlene Mandeln zugeben und gut mischen. Die Masse in die Förmchen füllen, je eine Mandel darauflegen. Förmchen auf ein Backblech stellen, in den vorgeheizten Ofen auf die mittlere Schiene stellen und bei 200° etwa 25 Minuten backen. Erkalten lassen und mit Puderzucker bestreuen.

Nuß-Hörnchen

1 Paket Tiefkühlblätterteig,
80 g geriebene Haselnüsse,
1 Eiweiß, 30 g Zucker,
1 Tropfen Bittermandel-Öl,
1½ El Weinbrand,
1 Eigelb zum Bestreichen,
Puderzucker zum Bestreuen

Aufgetauten Blätterteig etwa 3 mm dick ausrollen und mit einem Teigrädchen Dreiecke ausschneiden.
Haselnüsse mit Eiweiß, Weinbrand, Zucker und Bittermandel-Öl mischen. Die Masse auf die Teigstükke verteilen. Die Dreiecke von der langen Seite her aufrollen und zu einem Hörnchen biegen.
Die Nuß-Hörnchen auf ein kalt abgespültes Backblech legen und mit Eigelb bestreichen. Bitte achten Sie darauf, daß das Eigelb nicht auf den Seiten herunterläuft, sonst geht der Blätterteig beim Backen nicht auf. Das Blech in den vorgeheizten Ofen auf die mittlere Schiene schieben und die Nuß-Hörnchen bei 220° etwa 20 Minuten backen. Auf einem Kuchengitter auskühlen lassen. Vor dem Servieren mit Puderzucker bestreuen.

Marmeladen-Ecken

500 g Mehl,
3 cl Rum, 4 Eier,
80 g Zucker,
50 g Butter,
200 g Aprikosenkonfitüre,
2 cl Rum,
Pflanzenfett oder Öl
zum Fritieren,
Puderzucker zum Bestäuben

Mehl, 3 cl Rum, Eier, Zukker und die weiche Butter zu einem festen Teig verkneten. Den Teig zugedeckt 20 Minuten ruhen lassen. Aprikosenkonfitüre und 2 cl Rum bei milder Hitze glattrühren. Den Teig auf bemehlter Arbeitsfläche etwa 3 mm dick ausrollen. Mit dem Messer etwa 6 cm breite und 12 cm lange Rechtecke ausschneiden. Je 2 Tl Konfitüre auf die Teigstücke geben und diese zusammenklappen. Die Ränder etwas zusammendrükken. Fett oder Öl erhitzen und die Marmeladen-Ecken portionsweise ausbacken. Auf Haushaltspapier abtropfen lassen und mit Puderzucker bestreuen. Das Gebäck schmeckt warm am besten.

Vanille-Waffeln

1 Paket Backmischung Rührkuchen,
125 g Butter oder Margarine;
3 Eier, 1/8 l Wasser,
Puderzucker,
1 El Vanillezucker

Das Waffeleisen leicht einfetten und vorheizen. Auf mittlere Hitze einstellen. Teig mit Fett, Eiern und Wasser zubereiten. Pro Waffelboden 2 El Teig in das Eisen geben und in 2 Minuten braun backen.
Die Waffeln etwas auskühlen lassen. Puderzucker mit Vanillezucker mischen und die Waffeln damit bestreuen. Waffeln kann man auf alle möglichen Arten zubereiten und servieren.
Mischen Sie zur Abwechslung 2 Tl Zimt, 1 Messerspitze Nelkenpulver und 1 El Rum unter den Teig.
Oder servieren Sie die Vanille-Waffeln mit Vanille-Sahne und Rumtopffrüchten. Dritte Möglichkeit: Mischen Sie 3 El Kakao unter den Teig und servieren Sie die fertigen Waffeln mit Orangenbuttercreme.

Vanille-Brötchen

1 Paket Backmischung Hefeteig, 1/2 l Milch,
1 Päckchen Vanille-Puddingpulver,
2 El Zucker,
1 El Rum, 125 g Butter,
25 g Puderzucker,
Puderzucker zum Bestreuen

Hefeteig mit den erforderlichen Zutaten nach Anweisung zubereiten und gehen lassen. Teig in 15 Portionen aufteilen und jede Portion zu einer Kugel formen. Kugeln auf ein gefettetes Backblech legen und noch einmal 15 Minuten gehen lassen.
Blech in den vorgeheizten Ofen auf die mittlere Schiene schieben und die Brötchen bei 200° etwa 30 Minuten backen. Auf einem Kuchengitter auskühlen lassen. Vanillepudding mit Milch nach Einweisung kochen. Rum einrühren. Butter mit Puderzucker schaumig rühren, eßlöffelweise den abgekühlten Pudding einrühren. Brötchen halb aufschneiden und mit der Creme füllen. Mit Puderzucker bestreuen.

Räder-Kuchen

2 Eier,
2 Tl Zucker,
1 Tl Vanillezucker,
1 Prise Salz,
abgeriebene Schale von
1 Zitrone,
100 g Mehl,
⅛ l Milch,
Öl oder Pflanzenfett zum
Fritieren,
Puderzucker zum Bestreuen

Eier mit Zucker, Vanillezucker, der Zitronenschale, Salz, Mehl und Milch zu einem dünnflüssigen Teig verrühren.
Öl oder Pflanzenfett erhitzen. Eine Räderform etwa 1 Minute im heißen Fett erhitzen. Dann bis knapp unterhalb des oberen Randes in den Teig tauchen. Die Form mit dem anhaftenden Teig ins Fett tauchen und die Kuchen knusprig braun backen. Vorsichtig ablösen und auf Küchenpapier abtropfen lassen. Fortfahren, bis der ganze Teig verbraucht ist. Die abgekühlten Räder-Kuchen mit Puderzucker bestreuen. Sie schmecken wie Waffeln frisch am besten.

Fettgebäck

Auf unserem nebenstehenden Foto haben wir verschiedene Arten von Fettgebackenem für Sie zusammengestellt. Für die *Faschingskrapfen* links bereiten Sie einen Hefeteig wie im Rezept »Mohnstreusel« auf Seite 29 angegeben. Lassen Sie den Teig nach Vorschrift gehen, rollen Sie ihn auf bemehlter Arbeitsfläche daumendick aus und stechen Sie dann mit einem Glas Teigscheiben von etwa 6 bis 8 cm Durchmesser aus. Die Hälfte dieser Scheiben belegen Sie mit 1 Tl beliebiger Marmelade. Decken Sie diese Scheiben mit den restlichen Teigstücken ab und drücken Sie die Ränder gut zusammen. Erhitzen Sie Öl oder Pflanzenfett und bakken Sie die Faschingskrapfen auf beiden Seiten goldbraun aus. Auf Küchenpapier abtropfen lassen und mit Puderzucker bestreuen.
Aus dem gleichen Teig können Sie auch die *Schmalzschleifchen* (auf unserer Abbildung unten links) machen: Formen Sie den Teig zu einer Rolle, schneiden Sie Scheiben davon ab und rollen Sie diese zwischen beiden Händen zu fingerdicken »Würstchen«. Verknoten Sie diese einmal und backen Sie die Schmalzschleifchen goldbraun aus. Nach dem Abtropfen auf Küchenpapier, bestreuen Sie das Gebäck mit Puderzucker.
Auf unserer Abbildung unten rechts sehen Sie *Pflaumenbällchen.* Dazu bereiten Sie einen Mürbeteig:
250 g Mehl, 125 g Butter oder Margarine, 75 g Zukker, 1 Ei, 1 Prise Salz, 1 Päckchen Vanillinzucker und die abgeriebene Schale von ½ Zitrone werden schnell zu einem glatten Teig verarbeitet. Stellen Sie den Teig 30 Minuten in den Kühlschrank. Auf bemehlter Arbeitsfläche rollen Sie ihn dann 3 mm dick aus und stechen mit einem Glas Scheiben von etwa 6 cm Durchmesser aus. Geben Sie darauf je 1 Tl Pflaumenmus und formen Sie kleine Bällchen. Backen Sie die Pflaumenbällchen nun hellbraun aus. Auf Küchenpapier abtropfen lassen und vor dem Servieren mit Puderzucker und geriebener Schokolade bestreuen.
Für die *Eberswalder Spritzkuchen* (auf dem Foto in der Mitte) bereiten Sie einen Brandteig:
¼ l Wasser wird mit 60 g Butter oder Margarine und 1 Prise Salz in einem Topf aufgekocht. Nehmen Sie den Topf dann vom Herd und schütten Sie 130 g Mehl auf einmal in die Flüssigkeit. Rühren Sie kräftig um, stellen Sie den Topf wieder auf die Platte und rühren Sie weiter, bis sich der Teig zu einem Kloß zusammenballt, vom Topfrand löst und sich am Topfboden eine weißliche, dünne Schicht bildet. Ziehen Sie den Topf beiseite und lassen Sie den Teig abkühlen, bis er handwarm ist. Jetzt rühren Sie nacheinander 4 Eier darunter. Jedes Ei muß sich vollständig mit dem Teig verbunden haben, bevor Sie das nächste untermischen. Zum Schluß mischen Sie eine Messerspitze Backpulver unter den Teig. Wenn der Teig wie Mayonnaise glänzt und trotzdem fest und trocken ist, hat er die richtige Konsistenz.
Mit Hilfe eines Spritzbeutels spritzen Sie Kränze von etwa 4 cm Durchmesser auf ein gefettetes Pergamentpapier. Vom Papier aus ins siedende Fett gleiten lassen und goldgelb ausbacken. Auf Küchenpapier abtropfen lassen. Vor dem Servieren eventuell mit Puderzucker bestreuen oder mit einer Zitronenglasur aus 60 g Puderzucker und 1 bis 2 Tl Zitronensaft überziehen.
Die *Hefebrezeln* rechts oben werden aus dem gleichen Teig wie die Faschings-Krapfen gemacht; formen Sie fingerdicke Rollen aus dem Hefeteig und biegen Sie diese in Brezelform. Schwimmend im Fett ausbacken, auf Küchenpapier abtropfen lassen und mit Zucker bestreuen.
Gebackene Pflaumen sehen Sie oben, in der Mitte des Fotos. Dafür bereiten Sie einen Ausbackteig:
250 g Mehl werden mit 2 Eiern, knapp ⅛ l Milch, 2 Tl Zucker, 1 Päckchen Vanillinzucker, 1 Prise Salz, 1 Ei, 3 El Rum und 2 Tl Öl zu einem dickflüssigen Teig verrührt.
Waschen und entsteinen Sie etwa 600 g Pflaumen. An Stelle des Kerns geben Sie ein Stück Würfelzucker in die Pflaumen. Tauchen Sie die Pflaumen in den Ausbackteig und backen Sie sie im siedenden Fett goldbraun aus. Abgetropft mit Puderzucker bestreuen.

Verhüllte Äpfel

Für den Teig:
375 g Mehl,
75 g Zucker,
1 Päckchen Vanillinzucker,
abgeriebene Schale von
1 Zitrone,
1 Ei,
175 g Margarine;
2 El Rosinen, 3 El Rum,
6 kandierte Orangenscheiben,
6 Äpfel,
2 Eigelbe zum Bestreichen,
75 g gehackte Mandeln

Rosinen in Rum einweichen. Für den Teig alle Zutaten miteinander verkneten und kühlen. Äpfel schälen, Kerngehäuse ausstechen. Orangenscheiben hacken, mit den Rosinen in die Äpfel füllen. Mürbeteig auf bemehlter Arbeitsfläche etwa 2 mm dick ausrollen. Quadrate von etwa 16 mal 16 cm schneiden. Je einen Apfel darauflegen und die Teigecken nach oben zusammenschlagen. Oben und an den Rändern zusammendrücken. Mit Eigelb bestreichen, mit Mandeln bestreuen. Äpfel auf ein gefettetes Blech legen. Im vorgeheizten Ofen (mittlere Schiene) bei 200° etwa 30 Minuten backen.

Erdbeer-Schnitten

1 Paket Tiefkühlblätterteig,
300 g frische Erdbeeren,
50 g Zucker,
¼ l Milch,
½ Päckchen Puddingpulver (Sahnegeschmack),
1 El Vanillezucker,
¼ l süße Sahne,
1 El Puderzucker,
3 Blatt weiße Gelatine,
2 cl Weinbrand,
25 g Zucker

Aufgetauten Blätterteig etwa ½ cm dick ausrollen, in 5 mal 9 cm große Rechtecke schneiden und auf einem kalt abgespülten Backblech im vorgeheizten Ofen auf der mittleren Schiene bei 225° etwa 12 Minuten backen.
Puddingpulver mit 4 El Milch anrühren. Restliche Milch mit Zucker zum Kochen bringen. Puddingpulver einrühren, aufkochen. Gelatine in kaltem Wasser quellen lassen, ausdrücken und unter den heißen Pudding rühren, bis sie sich gelöst hat. Weinbrand und Vanillezucker einrühren. Sahne mit Puderzucker steif schlagen. Sobald der Pudding zu gelieren beginnt, die Sahne unterziehen. Erdbeeren waschen, abtropfen lassen und entstielen. Größere Früchte halbieren. Zusammen mit dem restlichen Zucker unter die Sahnemasse heben. Die abgekühlten Blätterteigstücke jeweils einmal quer durchschneiden und mit der Sahne-Erdbeermasse füllen. Bis zum Servieren kühl stellen.

Eclairs

Rezept Brandteig von Seite 85, »Eberswalder Spritzkuchen«,
½ l süße Sahne,
2 Päckchen Sahnefestiger,
70 g Puderzucker,
3 Tl Pulverkaffee

Brandteig in etwa 7 cm langen Streifen auf ein gefettetes Backblech spritzen. Im vorgeheizten Ofen (mittlere Schiene) bei 225° etwa 20 Minuten backen. Nach dem Abkühlen einmal längs halbieren. Sahne mit Sahnefestiger und Zucker steif schlagen. Pulverkaffee untermischen. Die Eclairs mit der Mokkasahne füllen und eventuell mit einem Guß aus 200 g Puderzucker, 2 Tl Pulverkaffee, 1 El Weinbrand und 2 El heißem Wasser überziehen.

Kirsch-Schnitten

1 Paket Tiefkühlblätterteig,
1 Glas Sauerkirschen (etwa 460 g),
1 Zimtstange,
1 Stückchen Zitronenschale,
50 g Zucker,
1 El Vanillezucker,
6 El Kirschsaft,
2 El Kirschwasser,
1 El Speisestärke,
¼ l süße Sahne,
30 g Puderzucker,
1 Tl Vanillezucker,
2 El Kirschwasser,
3 Blatt weiße Gelatine,
75 g Puderzucker,
2 Tl Kirschsaft,
1 Tl Zitronensaft

Aufgetauten Blätterteig in 5 Scheiben auf ein kalt abgespültes Backblech legen und im vorgeheizten Ofen auf der mittleren Schiene bei 225° etwa 12 Minuten backen. Abkühlen lassen und mit einem scharfen Messer längs halbieren. Sauerkirschen abtropfen lassen. 6 El Kirschsaft mit der Zimtstange, Zitronenschale, Zucker und Vanillezucker einmal aufkochen und 10 Minuten bei milder Hitze ziehen lassen. Dann erneut aufkochen und die in etwas kaltem Wasser angerührte Speisestärke zugeben. Aufkochen lassen, vom Herd ziehen, Kirschwasser und die abgetropften Sauerkirschen unterziehen. Etwas abkühlen lassen und auf unteren Hälften der Blätterteigstücke verteilen.
Sahne mit 60 g Puderzucker steif schlagen, Vanillezukker und 2 El Kirschwasser unterrühren. Gelatine in kaltem Wasser quellen lassen. Aus dem Wasser nehmen und tropfnaß in ein Töpfchen geben. Unter Rühren bei milder Hitze auflösen, dann unter die Sahne ziehen. Die Sahne mit einem Spritzbeutel auf die Kirschmasse spritzen.
Für den Guß restlichen Puderzucker mit restlichem Kirschsaft und Zitronensaft anrühren. Die oberen Hälften der Blätterteigstücke damit überziehen. Die glasierten Hälften auf die Sahne legen. Stellen Sie die Kirsch-Schnitten bis zum Servieren in den Kühlschrank.
Kirsch-Schnitten schmekken am besten frisch; bei längerem Stehen wird der Blätterteig etwas zäh und weicht durch.

Aprikosen-Windmühlen

1 Paket Tiefkühlblätterteig,
6 Aprikosenhälften aus der Dose,
100 g Aprikosenmarmelade,
1 El Rum,
50 g Puderzucker,
1 Tl Zitronensaft

Aufgetauten Blätterteig etwa 2 mm dick ausrollen. Mit einem Teigrädchen Quadrate von etwa 11 cm Seitenlänge ausrädeln. In die Mitte eines jeden Quadrates 1 Aprikosenhälfte legen. Die Teigstücke von den Ecken her bis zur Aprikosenhälfte einschneiden. Die Teigzipfel wie bei einem Windrädchen zur Mitte klappen und gut andrücken. Die Aprikosen-Windmühlen auf einem kalt abgespülten Backblech im vorgeheizten Ofen auf der mittleren Schiene bei 225° etwa 20 Minuten backen. Aprikosenmarmelade mit Rum bei milder Hitze glattrühren, Gebäck damit bestreichen. Puderzucker mit Zitronensaft verrühren und die Aprikosen-Windmühlen damit überziehen.

Apfeltaschen

350 g Mehl, 2 El Hefe,
300 g Butter, 1 Prise Salz,
300 g trockener Quark,
200 g Apfelkompott,
1 Prise Zimt, 4 El Rosinen,
1 El Zitronensaft,
100 g Aprikosenmarmelade,
1 El Rum

Mehl mit Butter und Salz zu einem glatten Teig verkneten und kalt stellen. Hefe mit 1 Tasse Quark mischen. Zusammen mit dem restlichen Quark unter den Teig kneten. Zu einer Kugel formen und 2 Stunden kalt stellen. Dann noch einmal kräftig durchkneten und auf bemehlter Arbeitsfläche 2 mm dick ausrollen. Mit dem Teigrädchen in 20 Vierecke schneiden. Gut abgetropftes Apfelkompott mit Zimt, Zitronensaft und Rosinen mischen. Teigstücke zur Hälfte damit belegen, andere Hälfte darüberklappen. Ränder gut andrücken. Auf einem kalt abgespülten Backblech im vorgeheizten Ofen (mittlere Schiene) bei 230° etwa 20 Minuten backen. Aprikosenmarmelade mit Rum glattrühren. Gebäck damit überziehen.

Sahnetüten

250 g Mehl,
1 Eigelb,
¼ l Milch,
¼ l Mineralwasser,
1 Päckchen Vanillinzucker,
2 El feiner Zucker,
abgeriebene Schale von
½ Zitrone,
1 Prise Salz,
½ l süße Sahne,
2 Päckchen Sahnefestiger,
1 El Vanillezucker,
beliebige Früchte zum
Garnieren

Aus Mehl, Eigelb, Milch, Mineralwasser, 1 Päckchen Vanillinzucker, Zucker, Zitronenschale und Salz einen Teig rühren. Waffeleisen leicht einfetten, jeweils 2 El Teig hineingeben und backen. Sofort zu Tüten rollen und in einem Glas stehend erkalten lassen. Sahne mit Sahnefestiger und Vanillezucker steif schlagen. In den Spritzbeutel füllen und in die Tüten spritzen. Die Sahnetüten mit Früchten garnieren und sofort servieren. Wichtig ist, daß Sie die Tüten sofort nach dem Backen formen, sonst brechen sie.

Shortbread

100 g Butter,
50 g Zucker,
20 g Marzipan-Rohmasse,
200 g Mehl,
Zucker zum Bestreuen

Kalte Butter in Stücke schneiden, Zucker und Marzipan-Rohmasse zugeben und rasch verkneten. Mehl eßlöffelweise unterkneten, bis sich alles gut vermischt hat. Teig zu einer Kugel formen und 15 Minuten kühl stellen.
Die Hälfte des Teiges etwa 1½ cm dick ausrollen. Etwa 6 cm lange und 2 cm breite Streifen schneiden und auf ein gefettetes Backblech legen. Mit einer Gabel ein Muster einstechen und die Teigstreifen mit Zucker bestreuen. Den Rest des Teiges ebenfalls 1½ cm dick ausrollen und mit Hilfe eines Tellers Teigplatten ausschneiden. Oberfläche beliebig verzieren und mit Zucker bestreuen. Teigplatten auf das Backblech legen. Vor dem Backen 15 Minuten kühlen. Im vorgeheizten Ofen auf der mittleren Schiene bei 150° etwa 35 Minuten backen.

Erdbeeren im Hemd

175 g Mehl, ¼ l Weißwein,
2 Eier, 1 Prise Salz,
1 El Zucker,
abgeriebene Schale von ½ Zitrone,
400 g Erdbeeren (möglichst große Früchte),
2 l Öl oder 1000 g Pflanzenfett zum Ausbacken,
Puderzucker zum Bestreuen

Eier trennen. Mehl mit Wein, Eigelben, Salz, Zukker, abgeriebener Zitronenschale mischen. Eiweiß zu steifem Schnee schlagen und unter den Teig ziehen. Erdbeeren waschen, trokkentupfen und entstielen. Öl oder Pflanzenfett in einem Fritiertopf erhitzen. Erdbeeren mit einer Gabel in den Teig tauchen und im Fett schwimmend ausbakken, bis sie goldbraun sind. Auf Küchenpapier abtropfen lassen. Mit Puderzucker bestreuen.

Savarinchen

1 Paket Backmischung Biskuit,
1/8 l Orangensaft,
2 El Cointreau,
1/4 l süße Sahne,
Mandarinen und Kirschen aus der Dose zum Garnieren

Den Biskuitteig nach Anleitung zubereiten. Savarinförmchen von etwa 10 cm Durchmesser fetten. Jedes Förmchen zu drei Viertel mit dem Teig füllen. Im vorgeheizten Ofen auf der mittleren Schiene bei 200° etwa 15 Minuten backen. Aus den Förmchen lösen und auf einem Kuchengitter abkühlen lassen. Orangensaft, Cointreau und den Puderzucker aus dem Paket mischen. Die Savarins damit tränken.
Sahne steif schlagen, in den Spritzbeutel füllen und die Savarinchen mit Sahnerosetten garnieren.
Dosenfrüchte gut abtropfen lassen und die Savarinchen damit verzieren.
Statt in Savarinförmchen können Sie die Törtchen auch in Tortelettformen backen.

Feine Hefewaffeln

400 g Mehl,
30 g Hefe,
50 g Zucker,
ca. 3/8 l lauwarme Milch,
150 g Butter oder Margarine,
4 Eier,
1 Prise Salz,
abgeriebene Schale von 1/2 Zitrone,
einige Tropfen Arrak-Aroma,
Zucker und Zimt zum Bestreuen

Mehl in eine Schüssel geben, in die Mitte eine Mulde drücken. Hefe hineinbröckeln, mit etwas Zucker und Milch sowie Mehl zum Vorteig rühren. Zugedeckt 15 Minuten gehen lassen. Dann restliche Milch, restlichen Zucker, Fett, Eier und Gewürze zugeben und alles zu einem flüssigen Teig verrühren. Noch einmal 40 Minuten gehen lassen. Vorgeheiztes Waffeleisen fetten, jeweils 2 Eßlöffel Teig hineingeben und backen. Die fertigen Waffeln mit Zimt-Zucker bestreuen.

Honigecken

150 g Zucker,
200 g Honig,
150 g Butter,
3 Eier,
500 g Mehl,
1 Päckchen Backpulver,
1 Päckchen Lebkuchengewürz,
2 El Rum,
500 g sehr dick eingekochtes Apfelmus,
2 Becher Schokoladenkuvertüre

Zucker, Honig und Butter unter Rühren erhitzen. Eier schaumig rühren, nach und nach die abgekühlte Honigmasse, das mit Backpulver und Lebkuchengewürz gemischte Mehl sowie den Rum unterrühren. Teig auf ein gefettetes, mit Mehl bestäubtes Backblech streichen und im vorgeheizten Ofen (Mittelschiene) bei 180° etwa 40 Minuten backen. Vom Blech lösen, erkalten lassen und die Teigplatte halbieren. Apfelmus auf die eine Hälfte streichen, die andere darüber legen. In Rechtecke oder Rauten schneiden und jedes Honigeck mit Schokoladenkuvertüre überziehen.

Riesen-Pralinen

Rezept Baiserböden von Seite 78, »Baiser-Törtchen«,
¼ l Milch,
½ Päckchen Vanille-Puddingpulver,
30 g Zucker, 1 Eigelb,
100 g Butter,
30 g Puderzucker,
10 g Pulverkaffee,
50 g Krokant,
Mokkabohnen und gehackte Pistazien zum Garnieren

Von der Baisermasse kleine Törtchen auf ein mit Pergamentpapier ausgelegtes Backblech spritzen und, wie im Rezept angegeben, backen. Vanillepudding mit Milch und Zucker kochen. Eigelb und Pulverkaffee unterrühren. Butter mit Puderzucker schaumig rühren und den abgekühlten Pudding eßlöffelweise unterziehen. Creme in die Hälfte der Baisers spritzen. Restliche Baiserböden daraufsetzen. Am Rand mit Creme bestreichen und mit Krokant bestreuen. Restliche Creme in Rosetten auf die Törtchen spritzen. Mit Mokkabohnen und Pistazien verzieren.

Windbeutel

Rezept Brandteig von Seite 85, »Eberswalder Spritzkuchen«,
½ l süße Sahne,
2 Päckchen Sahnefestiger,
2 El Zucker,
1 El Vanillezucker,
Früchte nach Belieben (frisch oder aus der Dose)

Brandteig nach Rezept zubereiten. In einen Spritzbeutel füllen und auf ein gefettetes, bemehltes Backblech Teigrosetten von etwa 8 cm Durchmesser spritzen. Zwischen den Windbeuteln soll etwa 10 cm Abstand sein.
Im vorgeheizten Ofen auf der mittleren Schiene bei 230° etwa 25 Minuten backen. Vom Blech lösen und sofort einmal quer durchschneiden. Erkalten lassen.
Sahne mit Sahnefestiger, Zucker und Vanillezucker steif schlagen. Die Windbeutel damit füllen und mit Früchten garnieren.
Sie können Windbeutel statt mit Sahne auch mit Vanillecreme, mit einer Quarkmischung oder mit allen möglichen Buttercremes füllen; Ihrer Fantasie sind dabei keine Grenzen gesetzt!

Orangen-Schnitten

1 Paket Backmischung Biskuitteig,
½ l süße Sahne,
75 g Puderzucker,
Saft von 2 Orangen,
2 cl Orangenlikör,
4 Blatt weiße Gelatine,
Puderzucker zum Bestreuen

Biskuitteig nach Anleitung zubereiten und auf einem Backblech nach Vorschrift backen. Erkalten lassen und die Teigplatte halbieren. Gelatine in kaltem Wasser einweichen. Ausdrücken und unter Rühren erhitzen, bis sie vollkommen gelöst ist. Mit Orangensaft und -likör mischen. Sahne steif schlagen, Puderzucker einrieseln lassen. Gelatine unter die Sahne ziehen. Die Masse in den Kühlschrank stellen, bis sie beginnt, fest zu werden. Die eine Hälfte des Biskuits mit der Orangensahne bestreichen, die andere Hälfte darauf legen. Ein Messer in heißes Wasser tauchen und die Platte in gleichmäßige Schnitten teilen. Mit Puderzucker bestreuen.

Kaffee-Kugeln

1 Paket Backmischung Hefeteig,
1 Eigelb,
¼ l Milch,
30 g Zucker,
30 g Speisestärke,
10 g Pulverkaffee,
2 cl Kaffeelikör,
100 g Butter,
30 g Puderzucker,
200 g Schokolade

Hefeteig nach Anweisung zubereiten, zu Kugeln von etwa 8 cm Durchmesser formen und nach Vorschrift backen. Erkalten lassen.
Speisestärke mit 4 El Milch und dem Eigelb verrühren. Restliche Milch mit Zucker zum Kochen bringen. Speisestärke einrühren, einmal aufkochen, Pulverkaffee und Kaffeelikör einrühren. Erkalten lassen. Butter mit Puderzucker schaumig rühren, abgekühlten Pudding eßlöffelweise untermischen. Die Hefeteigkugeln rundherum mit der Creme bestreichen.
Schokolade reiben und die Kaffeekugeln darin wälzen. Bis zum Servieren im Kühlschrank aufbewahren.

Weihnachtlich duftet die Küche

Vanille-Kipferl

(links)

210 g Butter, 70 g Zucker, 100 g ungeschälte, gemahlene Mandeln, 250 g Mehl, 1 Prise Salz, 50 g Puderzucker, 2 El Vanillezucker

Butter mit Zucker schaumig rühren, Mandeln, Mehl und Salz zugeben. Den Teig 30 Minuten kühlen. Dann zu Hörnchen formen und auf einem gefetteten Backblech im vorgeheizten Ofen auf der mittleren Schiene bei 180° hellgelb backen. Puderzucker und Vanillezucker mischen, die Hörnchen heiß darin wälzen.

Mandelplätzchen

(rechts)

250 g Mehl, 125 g Zucker, 125 g Butter, 1 Eigelb, abgeriebene Schale von 1 Zitrone, 3 Tropfen Bittermandel-Öl, 2 Eigelbe zum Bestreichen, Mandelblättchen zum Bestreuen

Mehl mit Zucker, Butter, Eigelb, Zitronenschale und Bittermandel-Öl verkneten. Teig 30 Minuten kühlen. Auf bemehlter Arbeitsfläche ausrollen und Plätzchen ausstechen. Plätzchen auf ein gefettetes Backblech legen, mit verquirltem Eigelb bestreichen und mit Mandelblättchen bestreuen. Im vorgeheizten Ofen auf der Mittelschiene bei 180° goldgelb backen.

Kokosmakronen

(oben)

250 g Kokosraspeln, 200 g Zucker, 4 Eiweiß, runde Backoblaten

Eiweiß steif schlagen. Zukker und Kokosraspeln unterziehen. Mit zwei Teelöffeln kleine Häufchen auf die Backoblaten setzen, diese auf ein Backblech legen. Plätzchen im vorgeheizten Ofen auf der mittleren Schiene bei 180° backen.

Schokostangen

6 Eier,
200 g Zucker,
300 g Mehl,
300 g Butter,
1 Becher Schokoladen-kuvertüre

Die Eier mit dem Zucker so lange schlagen, bis eine cremige Masse entsteht. Das Mehl nach und nach untermischen. Butter zerlassen und wieder abkühlen lassen. Eßlöffelweise unter den Teig schlagen.
Backblech mit Alufolie auslegen und die Folie an den Rändern hochbiegen, damit der Teig nicht herunterlaufen kann. Alufolie fetten. Teig auf die Folie geben und glattstreichen. Im vorgeheizten Rohr auf der mittleren Schiene bei 180° etwa 25 Minuten backen.
Sofort in fingerlange und fingerdicke Scheiben schneiden, vom Blech lösen und auf einem Kuchengitter erkalten lassen. Schokoladenkuvertüre im Wasserbad schmelzen lassen und die Oberseite der Schokostangen damit überziehen.

Früchte-Brot

Für den Teig:
200 g entkernte Backpflaumen,
300 g getrocknete Birnen,
200 g getrocknete Feigen,
1 l Wasser,
100 g Haselnüsse,
100 g Walnüsse,
100 g Mandeln,
200 g Rosinen,
je 50 g Orangeat und Zitronat,
125 g Zucker,
1 Tl Zimt,
je 1 Prise Nelkenpulver, gemahlenes Anis, Muskatblüte und Salz,
1 Tl Vanillezucker,
3 El Rum,
2 El Zitronensaft,
1 Paket Backmischung für Bauernbrot,
100 g Mehl,
geschälte Mandeln und kandierte Früchte zum Garnieren

Backpflaumen, Birnen und Feigen mit Wasser bedekken und über Nacht einweichen. Dann gut abtropfen lassen und grob hacken. Nüsse und Mandeln ebenfalls grob zerkleinern. Zitronat und Orangeat würfeln. Diese Zutaten mit Rosinen, Zucker, Gewürzen, Vanillezucker, Rum und Zitronensaft mischen und etwa 3 Stunden gut durchziehen lassen.
Die Backmischung nach Vorschrift zubereiten. Früchte mit dem Mehl darunterkneten und noch einmal gehen lassen, bis sich das Volumen des Teiges fast verdoppelt hat. Zwei Brotlaibe formen und auf ein gefettetes Backblech legen. Noch einmal 30 Minuten ruhen lassen. Die Brote mit kandierten Früchten und Mandeln garnieren.
Die Brote in den vorgeheizten Ofen auf die untere Schiene schieben und bei 180° etwa 80 Minuten backen. Nach 60 Minuten 1 Tasse Wasser in die Fettpfanne des Backofens gießen und die Backofentüre sofort wieder schließen. Die Brote erhalten durch den heißen Dampf einen schönen Glanz.
Die fertig gebackenen Früchte-Brote auf einem Kuchengitter auskühlen lassen. Dann fest in Alufolie einwickeln und mindestens 1 Woche ruhen lassen, damit sich das Aroma der Früchte richtig entfalten kann. Das Früchte-Brot hält sich, luftdicht verschlossen, einige Wochen frisch.

Großmama-Plätzchen

3 Eier,
150 g Zucker,
150 g Mehl,
je 100 g Haselnüsse, Mandeln, Rosinen und Schokolade,
1 Tl Backpulver,
¼ Tl Zimt,
abgeriebene Schale von ½ Orange,
runde Backoblaten

Haselnüsse, Mandeln, Rosinen und Schokolade grob hacken. Mit den übrigen Zutaten zu einem zähflüssigen Teig verrühren.
Den Teig auf die Backoblaten streichen, diese auf ein Backblech legen und die Plätzchen im vorgeheizten Ofen auf der Mittelschiene bei 180° hellbraun backen. Abkühlen lassen und die Oblaten, wo sie überstehen, abbrechen.
Sie können die Plätzchen noch zusätzlich mit einem Guß überziehen. Verrühren Sie dafür 100 g Puderzucker mit 1 Tl Zitronensaft und 1 Tl Rum. Die Plätzchen noch warm damit bestreichen.

Rum-Herzen

150 g Butter,
80 g Zucker,
1 Eigelb,
abgeriebene Schale von ½ Orange,
1 Prise Salz,
einige Tropfen Backöl Zitrone,
1 Tl Rum,
½ El Vanillezucker,
250 g Mehl,
100 g Puderzucker,
2 cl Rum,
1 Tl Orangensaft,
1 Tl Kokosfett

Butter mit Zucker, Eigelb, Salz, Orangenschale, 1 Tl Rum, Backöl Zitrone, Vanillezucker und Mehl zu einem glatten Teig verarbeiten. 1 Stunde kühl stellen, dann auf bemehlter Arbeitsfläche messerrückendick ausrollen und Herzen ausstechen. Die Herzen auf einem gefetteten Backblech im vorgeheizten Ofen (Mittelschiene) bei 190° hellgelb backen. Vom Blech lösen und abkühlen lassen. Puderzucker mit Rum und Orangensaft glattrühren, erwärmtes Kokosfett untermischen. Die Rum-Herzen mit diesem Guß überziehen und trocknen lassen.

Bunter Teller

Selbstgemachte, leckere Plätzchen sind das A und O des Weihnachtsfestes. Mit dem Bunten Teller können Sie Ihre Lieben so richtig in Feststimmung bringen.
Für die *Lebkuchen* (auf dem Foto links) rühren Sie 4 Eier mit 180 g Puderzucker schaumig. Geben Sie je 1 Messerspitze Nelkenpulver, Muskatblüte und Kardamom sowie ½ El Zimt, 1 Prise Salz, abgeriebene Schale von 1 Zitrone, 175 g geschälte, geriebene Mandeln, 175 g geriebene Haselnüsse, 150 g feingehacktes Zitronat und 125 g feingehacktes Orangeat dazu. Mischen Sie alles vorsichtig durch und streichen Sie den Teig auf runde Backoblaten. Backen Sie die Lebkuchen im vorgeheizten Ofen auf der mittleren Schiene bei 190° etwa 25 Minuten.
Überziehen Sie die Hälfte der Lebkuchen mit Schokoladenglasur und verzieren Sie sie mit Mandeln. Die restlichen Lebkuchen werden mit Zuckerguß aus 100 g Puderzucker und 3 Tl Zitronensaft überzogen.
Wir fahren auf unserer Abbildung im Uhrzeigersinn fort: Die *Mandelmakronen* bereiten Sie wie die Kokosmakronen von Seite 96, nur nehmen Sie statt der Kokosraspeln 175 g geschälte, geriebene Mandeln. Setzen Sie dem Teig außerdem 1 Messerspitze Zimt und 2 Tropfen Bittermandel-Öl zu. Backzeit: etwa 35 Minuten.
Für die *Nußhäufchen* bereiten Sie einen Mürbeteig aus 200 g Mehl, 75 g Zucker, 100 g Butter, abgeriebener Schale von ½ Zitrone, 1 Prise Salz und 1 Ei. Stellen Sie den Teig 30 Minuten kühl und bereiten Sie inzwischen die Nußfüllung: 2 Eiweiß sehr steif schlagen, 100 g Puderzucker und 1 Tl Zitronensaft unterziehen, 150 g geriebene Haselnüsse zugeben. Mürbeteig auf bemehlter Arbeitsfläche messerrückendick ausrollen und runde Plätzchen ausstechen. In die Mitte jedes Plätzchens 1 Tl Nußfüllung geben, Teigränder nach oben klappen und je 1 Haselnuß auf die Plätzchen setzen. Auf einem gefetteten Backblech im vorgeheizten Ofen (mittlere Schiene) bei 180° goldbraun backen.
Für die *Agnesen-Plätzchen* verkneten Sie 400 g Mehl mit 270 g Butter, 175 g Zukker, 1 Ei, 1 Prise Salz, 1 Päckchen Vanillinzucker und der

abgeriebenen Schale von 1 Zitrone. Der Teig wird 30 Minuten gekühlt, dann auf bemehlter Arbeitsfläche messerrückendick ausgerollt. Stechen Sie runde Plätzchen aus und stechen Sie aus der Hälfte der Plätzchen noch einmal ein Loch aus. Backen Sie alles auf einem gefetteten Blech im vorgeheizten Ofen (Mittelschiene) bei 180° goldgelb. Lösen Sie die Plätzchen sofort vom Blech und bestreichen Sie diejenigen ohne Loch mit Johannisbeergelee und legen Sie die Teigringe darauf. Die Plätzchen mit Puderzucker bestreuen.

Für den *Heidesand* lassen Sie 275 g Butter bei milder Hitze schmelzen und leicht bräunen. Erkalten lassen, dann mit 250 g Puderzukker, 1 Päckchen Vanillinzukker schaumig rühren. 2 El Milch zugeben und rühren, bis die Masse weißschaumig ist. 375 g Mehl mit 1 gestrichenen Tl Backpulver mischen und eßlöffelweise unter den Teig rühren. Aus dem Teig Rollen formen, diese in Alufolie wickeln und im Kühlschrank hart werden lassen. Folie entfernen und die Teigrollen in ½ cm dicke Scheiben schneiden. Scheiben auf einem Backblech im vorgeheizten Ofen (Mittelschiene) bei 175° etwa 15 Minuten backen.

Für die *Butterplätzchen* und die *Mandelstangen* (auf dem Foto in der Mitte) bereiten Sie den gleichen Teig wie für die Agnesenplätzchen. Halbieren Sie den Teig und stellen Sie ihn kühl. Dann rollen Sie die eine Hälfte messerrückendick auf bemehlter Arbeitsfläche aus und stechen beliebige Formen aus. Bestreichen Sie die Plätzchen mit verquirltem Eigelb und backen Sie sie auf einem Blech im vorgeheizten Ofen (Mittelschiene) bei 180° goldgelb.

Aus dem restlichen Teig formen Sie 3 cm lange Stangen, die Sie ebenso backen. Lassen Sie Schokoladenkuvertüre im Wasserbad schmelzen und tauchen Sie die Stangen zur Hälfte hinein. Solange die Glasur noch weich ist, streuen Sie Mandelblättchen darauf.

Für die *Florentiner* geben Sie 125 g Mandelstifte, je 25 g gewürfeltes Zitronat und Orangeat, 60 g Butter, 50 g Zucker, 40 g Honig, 1 El Milch, 2 Tropfen Bittermandel-Öl und 50 g Mehl in einen Topf. Alles mischen und bei milder Hitze zu einem Kloß (wie Brandteig) abbrennen. Ein Backblech mit Pergamentpapier auslegen und mit Öl bestreichen. Aus der abgekühlten Florentinermasse kleine Kugeln formen, diese etwas flachdrücken. Jede Kugel mit 1 halbierten Cocktailkirsche belegen und im vorgeheizten Ofen (Mittelschiene) bei 180° etwa 20 Minuten backen. Pergamentpapier auf der Unterseite anfeuchten, Florentiner ablösen und die Unterseite mit Schokoladenkuvertüre bestreichen.

Bulgarischen Nougat bereiten Sie aus 250 g Honig, den Sie mit 120 g Zucker unter Rühren so lange erhitzen, bis die Masse braun ist. Geben Sie nun einen Tropfen der Masse auf einen Teller und tupfen Sie leicht mit dem Zeigefinger darauf. Wenn Sie jetzt Daumen und Zeigefinger gegeneinanderpressen und wieder lösen, so muß sich ein etwa 3 mm langer Faden bilden. Nehmen Sie den Topf vom Herd und rühren Sie 2 steif geschlagene Eiweiß sowie 125 g geriebene Haselnüsse, 100 g geriebene Walnüsse und 2 Tl Rosenwasser unter die Masse. Streichen Sie den warmen Nougat etwa 2 cm dick auf runde Backoblaten und bedecken Sie ihn mit je einer zweiten Oblate. Lassen Sie den Nougat etwa 4 Tage trocknen.

Für die *Nußschnitten* rühren Sie 8 Eier mit 225 g Zucker, 1 Päckchen Vanillinzucker 1 Tl Zimt, je ¼ Tl Ingwer und Piment, je 1 Messerspitze Nelkenpulver und Kardamom schaumig. Heben Sie nach und nach je 250 g geriebene Mandeln und Walnüsse sowie je 125 g Korinthen und feingehackte getrocknete Feigen darunter. Streichen Sie die Masse auf ein gefettetes Backblech und backen Sie das Ganze im vorgeheizten Ofen auf der Mittelschiene bei 175° etwa 20 Minuten. Etwas abkühlen lassen, in Rauten oder Rechtecke schneiden, vom Blech lösen und auf einem Kuchengitter erkalten lassen. Sie können die Nußschnitten zusätzlich mit einem Zitronenguß überziehen: 150 g Puderzucker werden mit 1 El Zitronensaft und 1 Tl Rum glattgerührt.

Streichen Sie den Guß auf die noch warmen Schnitten. Die Glasur kann dann besser einziehen und macht das Gebäck noch saftiger.

Mohnstollen

*750 g Mehl, 60 g Hefe,
150 g Zucker, ½ l Milch,
125 g Butter,
1 Prise Salz, 2 Eier,
100 g gehackte Mandeln,
350 g gemahlener Mohn,
50 g Grieß,
Schale von 1 Zitrone,
1 Messerspitze Zimt,
100 g Rosinen,
2 El Rum,
Mehl zum Ausrollen,
Butter zum Einfetten,
Puderzucker zum Bestäuben*

In das Mehl eine Mulde drücken. Hefe mit etwas Zucker und Milch darin verrühren. 15 Minuten gehen lassen. Butter in knapp ¼ l Milch schmelzen, lauwarm mit Salz, Eiern, Mandeln und 80 g Zucker unter den Teig mischen. Schlagen, bis er Blasen wirft. 30 Minuten gehen lassen. Mohn mit kochendem Wasser übergießen. Nach 5 Minuten in einem Tuch ausdrücken. Die restliche Milch aufkochen. Grieß darin 20 Minuten quellen lassen. Zucker, abgeriebene Zitronenschale, Zimt und in Rum getränkte Rosinen mit Mohn untermischen. Den Teig ausrollen, mit der Mohnfüllung bestreichen und in Stollenform zusammenrollen. Auf einem gefetteten Backblech in den 200° heißen Ofen schieben und etwa 45 Minuten bakken. Herausnehmen und mit Puderzucker bestäuben. Dann völlig auskühlen lassen. Unmittelbar vor dem Servieren noch einmal mit Puderzucker dick übersieben.

Christstollen

*1000 g Mehl,
100 g Hefe,
½ l lauwarme Milch,
100 g Zucker,
350 g Butter,
50 g Gänseschmalz,
1 Tl Salz,
2 Eier,
1 Tl Vanillezucker,
abgeriebene Schale von
1 Zitrone,
2 cl Rum,
4 Tropfen Bittermandel-Öl,
je 1 Prise Zimt, Muskatblüte und Kardamom,
100 g geschälte, gehackte Mandeln,
250 g Rosinen,
100 g Korinthen,
150 g gehacktes Zitronat,
150 g Butter zum Bestreichen,
150 g Puderzucker und*

2 El Vanillezucker zum Bestreuen

In das Mehl eine Mulde drücken. Hefe hineinbröckeln, mit etwas Zucker, Milch und Mehl zum Vorteig verrühren. Zugedeckt 15 Minuten gehen lassen. Restlichen Zucker und restliche Milch, Butter, Gänseschmalz, Salz, Eier, Vanillezucker, Zitronenschale, Rum und Bittermandel-Öl sowie die Gewürze unterkneten. Den Teig schlagen, bis er Blasen wirft. Zugedeckt etwa 3 Stunden gehen lassen. Mandeln, Rosinen, Korinthen und Zitronat unterkneten. Aus dem Teig zwei Stollen formen und auf ein gefettetes, mit Mehl bestäubtes Backblech legen. Noch einmal 1 Stunde gehen lassen. Die Stollen müssen ihr Volumen deutlich vergrößern.

Stollen im vorgeheizten Backofen auf der unteren Schiene bei 200° etwa 70 Minuten backen. 10 Minuten vor Ende der Backzeit die Stollen immer wieder mit flüssiger Butter bestreichen und mit der Hälfte des Puderzuckers bestreuen.

Stollen nach dem Erkalten mit Puder- und Vanillezukker bestreuen.

Vanille-Stollen

*500 g Mehl, 50 g Hefe,
100 g Zucker,
1½ Tassen lauwarme Milch,
150 g Butter,
1 Prise Salz,
abgeriebene Schale von 1 Zitrone,
2 cl Rum,
100 g geschälte, gemahlene Mandeln,
50 g geschälte, gehackte Mandeln,
Mark von ½ Vanilleschote,
150 g kandierte Kirschen,
100 g gehacktes Zitronat,
100 g Korinthen,
150 g Butter zum Bestreichen,
100 g Puderzucker und 2 El Vanillezucker zum Bestreuen*

Hefeteig zubereiten, wie im Rezept »Christstollen« auf Seite 102 beschrieben. Vanillemark, Früchte, Mandeln unterkneten. Fortfahren, wie im Rezept »Christstollen« beschrieben.
Vanille-Stollen sollte, wie alle Stollen, mindestens drei bis vier Wochen ruhen, bevor er angeschnitten wird.

Ingwer-Plätzchen

*200 g Zucker,
2 El Apfelkraut,
125 g Butter,
1 Ei,
250 g Mehl,
2 Tl Natron,
je 1 Tl Zimt und Nelkenpulver,
1 Messerspitze Muskatblüte,
2 Tl Ingwerpulver,
Hagelzucker zum Bestreuen*

Zucker und Apfelkraut mischen, weiche Butter und Ei unterrühren. Mehl mit Natron, Zimt, Nelkenpulver, Muskatblüte und Ingwerpulver mischen und eßlöffelweise unter den Teig rühren. Teig 30 Minuten kühlen. Aus dem Teig kleine Kugeln formen, diese etwas flachdrücken und auf ein geöltes Backblech legen. Lassen Sie bitte etwa 6 cm Abstand zwischen den Kugeln, denn die Plätzchen laufen ziemlich auseinander. Die Plätzchen mit Hagelzucker bestreuen und im vorgeheizten Ofen (Mittelschiene) bei 180° etwa 15 Minuten backen. Sofort vom Blech lösen, sonst brechen die Plätzchen.

Leckerli

*125 g Butter,
abgeriebene Schale von 1 Orange, 1 El Rum,
175 g Zucker,
3 Eier,
125 g Speisestärke,
100 g Mehl,
½ Tl Backpulver,
2 El Kakao,
100 g Orangenkonfitüre,
100 g Puderzucker,
3 Tl Orangensaft,
Orangeat zum Garnieren,
Alufolie*

Butter mit Zucker schaumig rühren, Eier, Rum, Orangenschale zugeben.
Das mit Speisestärke, Backpulver und Kakao gemischte Mehl eßlöffelweise unterrühren. Alufolie in 8 cm große Quadrate schneiden und über einen Flaschenhals ziehen, so daß kleine Förmchen entstehen. Etwas Teig in jedes Förmchen geben, darauf Orangenkonfitüre, darauf wieder Teig. Auf einem Backblech im vorgeheizten Ofen (Mittelschiene) bei 200° etwa 15 Minuten backen. Folie abziehen. Puderzucker mit Orangensaft mischen, die Leckerli damit überziehen und mit Orangeat garnieren.

Dattel-Plätzchen

*125 g Butter,
125 g Zucker,
1 Ei,
Saft und abgeriebene Schale von ½ Zitrone,
250 g Mehl,
1 Messerspitze Backpulver,
200 g Datteln,
100 g geschälte, gehackte Mandeln,
3 Tropfen Bittermandel-Öl*

Zucker mit Butter schaumig rühren, Ei, Zitronenschale und -saft unterrühren. Mehl mit Backpulver mischen und eßlöffelweise unterrühren. Datteln hakken und zusammen mit Mandeln und Bittermandel-Öl zugeben.
Ein Backblech fetten und den Teig mit zwei Teelöffeln nicht zu dicht nebeneinander in kleinen Häufchen aufs Blech setzen. Im vorgeheizten Ofen (Mittelschiene) bei 225° etwa 15 Minuten backen.
Vom Blech lösen und auf einem Kuchengitter auskühlen lassen. Sie können die Dattel-Plätzchen zusätzlich mit Zuckerguß überziehen.

Verschiedene Plätzchen

Noch einige Plätzchen für Ihr Weihnachts-Repertoire. Wir beginnen oben mit den Mandelherzchen und gehen schräg nach links unten. Für die *Mandelherzchen* verarbeiten Sie 500 g Mehl, 2 gestrichene Tl Backpulver, 2 Eier, 200 g Zucker, 250 g Butter oder Margarine, 1 Päckchen Vanillinzucker, 1 Prise Salz, abgeriebene Schale von 1 Zitrone, 125 g ungeschälte, feingeriebene Mandeln, 3 Tropfen Bittermandel-Öl und 1 El Rum zu einem glatten Teig, den Sie 30 Minuten kühlen. Rollen Sie den Teig dann auf bemehlter Arbeitsfläche messerrückendick aus und stechen Sie Herzchen aus. Belegen Sie jedes Herzchen mit zwei abgezogenen Mandeln. Die Mandelherzchen werden dann auf einem gefetteten Backblech im vorgeheizten Ofen auf der mittleren Schiene bei 190° hellbraun gebacken.
Butterbrezeln bereiten Sie so: 150 g Butter mit 80 g Zukker, 1 Eigelb, abgeriebener Schale von ½ Zitrone, 1 Prise Salz, 1 Päckchen Va-

nillinzucker, einigen Tropfen Arrak-Aroma und 300 g Mehl verkneten. Teig 2 Stunden kühlen. Dann Brezeln von ca. 4 cm Durchmesser formen und auf ein gefettetes Backblech legen. Brezeln mit verquirltem Eigelb bestreichen und mit Hagelzucker bestreuen. Im vorgeheizten Ofen bei 180° auf der Mittelschiene goldgelb backen.

Für die *Springerle* schlagen Sie zwei Eier mit 250 g Puderzucker und 1 Päckchen Vanillinzucker etwa 10 Minuten mit dem elektrischen Rührgerät. Geben Sie die abgeriebene Schale von ½ Zitrone und 1 Tl Arrak dazu. 250 g Mehl mit 1 Messerspitze Backpulver mischen und auf die Eicreme sieben. Vorsichtig mischen. Die Masse auf einem bemehlten Backbrett etwa 1 cm dick ausrollen.

Nun Rechtecke in der Größe der Springerle-Model ausschneiden und mit Mehl bestäuben. Die gleichfalls mit Mehl bestäubten Holzmodel in den Teig drücken. Teigränder abschneiden und die Springerle auf ein gefettetes, mit gemahlenem Anis bestreutes Backblech legen. 24 Stunden in einem mäßig warmen Raum trocknen lassen. Dann im vorgeheizten Ofen auf der Mittelschiene bei 150° in etwa 30 Minuten ganz hell backen.

Aus demselben Teig wie die *Schokoladensternchen* bereiten Sie auch die *Schokoladen-Hörnchen* zu. 200 g Butter werden mit 150 g Zucker, 1 Eigelb, 1 Päckchen Vanillinzucker, 1 Tl Rum, der abgeriebenen Schale von ½ Orange, 350 g Mehl, 2 El Kakao und 1 Messerspitze Backpulver zu einem glatten Teig verarbeitet. Stellen Sie den Teig 1 Stunde kühl. Dann rollen Sie die Hälfte des Teiges auf bemehlter Arbeitsfläche ca. ½ cm dick aus und stechen Sterne aus. Den restlichen Teig formen Sie zu Hörnchen. Legen Sie das Gebäck auf ein gefettetes Backblech und backen Sie es im vorgeheizten Ofen auf der Mittelschiene bei 180° hellgelb. Plätzchen auf einem Kuchengitter abkühlen lassen und dann dick mit Schokoladenkuvertüre überziehen. Mit gehackten Pistazien und Walnußkernen verzieren.

Für die *Doppeldecker* bereiten Sie den gleichen Teig wie für Schokoladensternchen, nur ohne den Kakao. Stechen Sie den 2 mm dick ausgerollten Teig zu Rosetten aus, die Sie auf dem gefetteten Blech im vorgeheizten Ofen (Mittelschiene) bei 180° hellgelb backen. Die Hälfte der Plätzchen bestreichen Sie mit Himbeergelee und bedecken sie mit den restlichen Plätzchen. Überziehen Sie die Doppeldecker mit einem dünnflüssigen Zuckerguß und bestreuen Sie sie mit Hagelzucker.

Für die *Honigschnitten* erwärmen Sie 250 g Honig mit 200 g Zucker, 65 g Butter und ⅛ l Malzbier langsam, bis alle Zutaten flüssig sind und der Zucker sich gelöst hat. Unter die fast erkaltete Masse rühren Sie dann nach und nach 1 Ei, 1 Päckchen Lebkuchengewürz, die abgeriebene Schale von 1 Zitrone, 1 Prise Salz, 1 El Rum, 1 Tl Zimt, 1 Tl Ingwerpulver. Mischen Sie 500 g Mehl mit 1 Päckchen Backpulver und ziehen Sie es eßlöffelweise unter den Teig. Den Teig in die gefettete Fettpfanne des Backofens geben und glattstreichen. Im vorgeheizten Ofen bei 180° auf der Mittelschiene etwa 20 Minuten backen. Sofort mit einem Guß aus 100 g Puderzucker, 1 El Rum und 1 El heißem Wasser überziehen und dick mit Buntzucker bestreuen. In Stücke schneiden, vom Blech lösen und erkalten lassen.

Für die *Zimtsterne* (nicht abgebildet) schlagen Sie 3 Eiweiß zu steifem Schnee. Lassen Sie 250 g Puderzukker einrieseln. 2 El von dieser Masse zum Bestreichen der Zimtsterne abnehmen. Unter den restlichen Eischnee 250 g geschälte, geriebene Mandeln und 1 Tl Zimt ziehen. Die Masse auf Puderzucker ausrollen und Sterne ausstechen. Diese auf ein mit gefettetem Pergamentpapier ausgelegtes Backblech geben und mit dem übrig behaltenen Eischnee bestreichen. Zimtsterne im vorgeheizten Ofen auf der Mittelschiene bei 140° etwa 35 Minuten backen.

Für *Haselnuß-Makronen* (nicht abgebildet) schlagen Sie 4 Eiweiß mit 1 Tl Zitronensaft zu steifem Schnee. Mischen Sie 200 g Puderzucker, 250 g geriebene Haselnüsse und 1 Tl Rum darunter. Teig auf Backoblaten streichen, diese auf einem Blech im vorgeheizten Rohr (Mittelschiene) bei 180° backen.

Hexenhäuschen

Für den Teig:
250 g Zucker,
700 g Honig,
1 Prise Salz,
100 g Schweineschmalz,
1100 g Mehl,
300 g geriebene Haselnüsse,
1 Päckchen Lebkuchengewürz,
2 Tl Zimt,
½ Tl Ingwerpulver,
abgeriebene Schale von 1 Zitrone,
2 Eier,
3 Tl Wasser,
20 g Hirschhornsalz;
für den Guß:
500 g Puderzucker,
4 Eiweiß,
4 El Zitronensaft;
bunte Bonbons, Mandeln, Liebesperlen, Schokolinsen, Geleefrüchte, kandierte Früchte, Plätzchen und Lakritzen zum Garnieren;
1 Blatt rote Gelatine

Für den Lebkuchenteig Honig, Zucker, Salz, Schweineschmalz in einen Topf geben und langsam erhitzen. Rühren, bis der Zucker sich gelöst hat. Abkühlen lassen. Mehl mit Haselnüssen, Gewürzen und Zitronenschale

mischen. Die Honigmasse, Eier und das in Wasser aufgelöste Hirschhornsalz zugeben. Alles zu einem glatten Teig verarbeiten und diesen kräftig durchkneten. 40 Minuten ruhen lassen, dann in Portionen auf einer bemehlten Arbeitsfläche etwa ½ cm dick ausrollen. Nacheinander die Teile für das Hexenhäuschen ausschneiden (das geht einfacher, wenn Sie sich erst die entsprechenden Schablonen aus Pappe schneiden):
2 Giebelwände, je 18 cm breit, 5 cm hoch und 23 cm Giebelhöhe. In eine Wand Türe und Fenster einschneiden. 2 Seitenwände, je 18 cm breit und 5 cm hoch; 2 Dachplatten, je 25 mal 25 cm.
Aus den Teigresten den Kamin, eventuell Schindeln, Zaunlatten und Hänsel und Gretel ausschneiden.
Backblech mit Öl bestreichen und mit Mehl bestäuben. Die Teigstücke für Hauswände und Dach nacheinander im vorgeheizten Ofen auf der Mittelschiene bei 180° etwa 15 Minuten backen. Vom Blech lösen und die restlichen Teigstücke ebenso backen. Auf jede Schindel 1 ganze Mandel legen. Alle Bauteile vollkommen auskühlen lassen und dabei darauf achten, daß sie flach aufliegen, sonst wird das Hexenhäuschen später schief. Portionsweise den Guß aus Puderzucker, Eiweiß und Zitronensaft anrühren. Zuerst Dachplatten und Seitenteile des Häuschens mit Zuckerwerk bunt verzieren. Die rote Blattgelatine zurechtschneiden und als Scheibe hinter das Fenster kleben. Dachplatten dick mit Zuckerguß bestreichen. Alles bis zum nächsten Tag trocknen lassen.
Restlichen Guß anrühren. Nun das Hexenhäuschen auf einer Holzplatte zusammenbauen: Zuerst die Seitenteile aneinanderkleben und jeweils abstützen, bis die Klebestellen ganz trokken sind und die Wände nicht mehr zusammenbrechen können. Dann die Dachplatten daraufkleben, den Zaun bauen, Hänsel und Gretel bemalen und vor das Häuschen stellen. Restliches Zuckerwerk aufkleben, denn je bunter das Häuschen ist, desto mehr Spaß werden Ihre Kinder daran haben.

Anis-Plätzchen

3 Eier,
200 g Puderzucker,
1 El Vanillezucker,
1 Tl gemahlener Anis,
150 g Mehl,
150 g Speisestärke

Die Eier, Puderzucker und Vanillezucker mit dem elektrischen Rührgerät etwa 10 Minuten schlagen, bis eine weiße, cremige Masse entstanden ist.
Mehl mit Speisestärke und dem gemahlenen Anis mischen, auf die Eigelbcreme sieben und alles vorsichtig miteinander verrühren.
Ein Backblech fetten und mit Mehl bestäuben. Mit zwei Teelöffeln Teighäufchen auf das Blech setzen und über Nacht in einem warmen Raum trocknen lassen.
Anis-Plätzchen im vorgeheizten Ofen auf der mittleren Schiene bei 170° etwa 30 Minuten backen. Die Anis-Plätzchen müssen sehr hell sein, deshalb eventuell die Hitze etwas zurückschalten. Anis-Plätzchen gesondert aufbewahren.

Spitzbuben

250 g Butter oder Margarine,
420 g Mehl,
210 g Zucker,
125 g ungeschälte, gemahlene Mandeln,
1 Ei,
abgeriebene Schale von ½ Zitrone,
1 Tl Vanillezucker,
200 g Johannisbeergelee,
100 g feinkörniger Zucker,
Mark von 1 Vanilleschote

Fett, Mehl, 210 g Zucker, Mandeln, Ei, Zitronenschale und Vanillezucker zu einem glatten Teig verkneten. 30 Minuten kühl stellen. Dann auf bemehlter Arbeitsfläche etwa ½ cm dick ausrollen und runde Plätzchen ausstechen. Die Plätzchen auf ein gefettetes Backblech legen und im vorgeheizten Ofen auf der Mittelschiene bei 180° hellgelb backen.
Sofort vom Blech lösen und die Hälfte der Plätzchen mit Johannisbeergelee bestreichen und die restlichen Plätzchen darauflegen.
Noch heiß in dem restlichen Zucker, der mit dem Vanillemark vermischt ist, wälzen.

Krokodilchen

*2 Pakete Tiefkühl-
blätterteig,
250 g Marzipan-Rohmasse,
Puderzucker,
150 g ganze Walnußkerne,
50 g geschälte Mandeln,
einige ungeschälte Mandeln,
100 g kandierte Früchte,
100 g Zitronat,
2 entkernte Backpflaumen*

Aufgetauten Blätterteig auf bemehlter Arbeitsfläche zu zwei 25 mal 35 cm großen Rechtecken ausrollen.
Marzipan-Rohmasse weich kneten und auf Puderzucker zu zwei Streifen von 15 mal 30 cm ausrollen, in die Mitte der Teigplatten legen und mit den ganzen Walnußkernen bestreuen. Die eine Teigplatte zu einer langen, schmalen Tüte aufrollen. Mit der Öffnung auf die zweite Teigplatte legen und diese so über die erste rollen, daß ein langer, schmaler Schlauch entsteht. Den Schlauch an der Öffnung etwa 20 cm lang einschneiden und die Enden 10 cm nach innen umklappen. Kleine kandierte Früchte hinten in die Öffnung stopfen, weiter vorne die restlichen kandierten Früchte und die Zitronatstreifen scheiterhaufenförmig in die Öffnung geben, so daß das »Maul« weit aufgesperrt ist. Dem Krokodilchen wie auf der Abbildung Mandeln als Zähne, Backpflaumen mit Mandeln als Augen und eine kandierte Kirsche als Nase einsetzen. Ein Backblech mit kaltem Wasser abspülen, das Krokodilchen vorsichtig hufeisenförmig biegen und auf das Backblech legen. Das Blech in den kalten Ofen auf die untere Schiene schieben. Backofen auf 180° schalten und das Krokodilchen etwa 60 Minuten backen. Es soll überall gleichmäßig gebräunt sein. Während des Backens deshalb die Stellen, die früher braun werden, mit Alufolie abdecken. Sollten beim Backvorgang einige kandierte Früchte herausfallen, werden sie durch neue ersetzt. Das Krokodilchen auf einem Holzbrett erkalten lassen und ganz frisch servieren. Sie können das Krokodilchen auch vor dem Backen mit verquirltem Eigelb bestreichen und kurz vor dem Servieren mit viel Puderzucker bestreuen.

Schokoladen-Lebkuchen

*80 g geriebene Schokolade,
250 g geschälte, gemahlene Mandeln,
2 Tropfen Bittermandel-Öl,
abgeriebene Schale von ½ Orange,
je 1 Prise Salz, Zimt und Nelkenpulver,
1 Ei,
3 Eiweiß,
125 g Zucker,
50 g Puderzucker,
1 Tl Zitronensaft,
runde Backoblaten,
1 Becher Schokoladenkuvertüre*

Schokolade mit Mandeln und Gewürzen mischen. Ei mit Zucker schaumig rühren. Eiweiß mit Zitronensaft und Puderzucker sehr steif schlagen. Auf die Eigelbcreme gleiten lassen. Mandelmischung auf Eischnee geben und alles vorsichtig mischen. Den Teig auf Backoblaten streichen und die Schokoladen-Lebkuchen auf einem Backblech im vorgeheizten Ofen (Mittelschiene) bei 160° etwa 20 Minuten backen. Erkaltet mit Schokoladenkuvertüre überziehen.

Spekulatius

*500 g Mehl,
500 g Zucker,
250 g Butter oder Margarine,
2 Eier,
1 Prise Salz,
je 2 Tl Zimt und Kardamom,
1 Tl Nelkenpulver,
½ Tl Muskatblüte,
1 Päckchen Backpulver,
Dosenmilch zum Bestreichen,
Mandelblättchen zum Bestreuen*

Mehl mit Backpulver mischen und mit Fett, Zucker, Eiern und Gewürzen zu einem glatten Teig verkneten. 30 Minuten ruhen lassen. Auf bemehlter Arbeitsfläche messerrückendick ausrollen und Rechtecke in Größe der Spekulatius-Model schneiden. Teig-Rechtecke mit Mehl bestäuben, ebenso die Model. Model in den Teig drücken, die Spekulatius auf ein gefettetes Backblech legen, mit Dosenmilch bestreichen und mit Mandelblättchen bestreuen. Im vorgeheizten Ofen auf der Mittelschiene bei 180° hellbraun backen. Wenn Sie keine Model haben, stechen Sie die Spekulatius einfach aus.

Safran-Brot

*600 g Mehl, 60 g Hefe,
125 g Zucker,
⅜ l lauwarme Milch,
½ Tl Salz, 2 Eier,
150 g Butter,
1 Tl Safranfäden,
1 El heißes Wasser,
150 g Rosinen,
60 g Butter zum Bestreichen*

Mehl in eine Schüssel geben, in die Mitte eine Mulde drücken. Hefe hineinbröckeln und mit Zucker und Milch verrühren. Zugedeckt 15 Minuten gehen lassen. Safranfäden in heißem Wasser auflösen. Zusammen mit dem restlichen Zucker und der restlichen Milch, Salz, Eiern und Butter zum Mehl geben und alles zu einem glatten Teig verkneten. Zum Schluß die Rosinen unterkneten. Teig schlagen, bis er Blasen wirft und sich vom Schüsselrand löst. 2 Stunden gehen lassen. Zu einem Wecken formen und auf ein gefettetes Backblech legen. 1 Stunde gehen lassen. Im vorgeheizten Ofen (Mittelschiene) bei 200° etwa 70 Minuten backen. Nach 50 Minuten mehrmals mit Butter bestreichen.

Knabberli

*150 g Mehl,
175 g geriebene Mandeln, Haselnüsse und Kokosflocken, gemischt,
1 gestrichener Tl Backpulver,
125 g Zucker,
100 g Butter oder Margarine,
1 Prise Salz,
1 Ei,
½ Tl Zimt,
¼ Tl Ingwerpulver,
150 g beliebige Konfitüre*

Alle Zutaten außer der Konfitüre zu einem glatten Teig verkneten und diesen 30 Minuten kühl stellen. Ein Backblech fetten. Den Teig zu einer Rolle formen (ca. 4 cm Durchmesser), von der Rolle Scheiben abschneiden und diese zu Kugeln formen. Die Kugeln auf das Blech legen und mit einem in Mehl getauchten Kochlöffelstiel kleine Vertiefungen eindrücken. Die Vertiefungen mit der Konfitüre füllen. Knabberli im vorgeheizten Ofen auf der Mittelschiene bei 200° etwa 10 Minuten backen.

Pikantes zum Wein

Salzgebäck

Auf dem Foto rechts haben wir Ihnen eine kleine Auswahl an pikantem Gebäck zusammengestellt. Sie brauchen nur kurze Zeit für die Zubereitung, denn bei allen abgebildeten Häppchen können Sie auf Fertigteig aus der Kühltruhe zurückgreifen. Ihrer Fantasie sind dabei keine Grenzen gesetzt. Lassen Sie Tiefkühlblätterteig 15 Minuten bei Zimmertemperatur auftauen. Rollen Sie ihn auf bemehlter Arbeitsfläche dünn aus und bestreichen Sie die Teigplatte mit verquirltem Eigelb. Schneiden Sie den Teig nun zum Beispiel in daumendicke Streifen. Drehen Sie einige der Streifen zu Spiralen, die Sie mit Kümmel bestreuen. Legen Sie einige Streifen zu Kränzen zusammen. Mit Mohn bestreuen. Legen Sie andere zu einer Brezel zusammen und bestreuen Sie diese mit Sesam. Legen Sie je einen Teigstreifen einmal zusammen und bestreuen Sie ihn mit geriebenem Parmesan.
Radeln Sie den Teig zu Dreiecken aus und bestreuen Sie diese mit gehackten Salzmandeln.
Alle Blätterteigstücke auf ein kalt abgespültes Backblech legen und im vorgeheizten Ofen auf der Mittelschiene bei 230° etwa 10 Minuten backen.
Eine andere Möglichkeit, kleine Knabbereien schnell herzustellen, sind die fertigen Kühlteige. Achten Sie bitte beim Einkauf darauf, daß Sie keinen Teig für süße Gebäckstücke erwischen. Teig ausbreiten, perforierte Stücke abtrennen und diese noch einmal halbieren.
Jedes Stück mit flüssiger Butter bestreichen und wahlweise mit Kaviar oder ausgebratenen Speckwürfeln, gemischt mit gewürfelten Cornichons, mit Sardellenfilets und fein gehackten Oliven füllen. Teigstücke zusammenlegen oder -rollen und hübsch garnieren.
Oder mit dem Teig kleine Tortelett-Förmchen auslegen. Frischkäse mit Eigelb, Pfeffer, Muskatnuß und etwas Weißwein glattrühren und in die Förmchen füllen.
Alle Gebäckstücke auf einem Backblech im vorgeheizten Ofen (Mittelschiene) bei ca. 210° je nach Größe 10 bis 20 Minuten backen.
Das Salzgebäck schmeckt am besten ganz frisch.

CAPTAIN MORGAN
DISTILLERIES LIMITED
PRODUCE OF JAMAICA
SCOTCH WHISKY

Zwiebelkuchen mit Speck

250 g Mehl, 15 g Hefe,
½ Tl Zucker,
⅛ l lauwarme Milch,
½ Tl Salz,
40 g Schweineschmalz,
1000 g Zwiebeln,
300 g durchwachsener Speck,
20 g Schweineschmalz,
2 Eier, Salz,
½ Tl Kümmel,
⅛ l saure Sahne

Mehl in eine Schüssel geben, in die Mitte eine Mulde drücken. Hefe hineinbröckeln, mit Zucker, Milch und etwas Mehl verrühren. Zugedeckt 15 Minuten gehen lassen. Salz und 40 g Schweineschmalz zu dem Mehl geben und alles zu einem glatten Teig verarbeiten. Den Teig schlagen, bis er Blasen wirft und sich vom Schüsselrand löst. Zugedeckt 1 Stunde gehen lassen. Eine gefettete Springform mit dem Teig auslegen und dabei einen 2 cm hohen Rand formen.
Speck würfeln und im restlichen Schweineschmalz ausbraten. Geschälte Zwiebeln in Ringe schneiden, zum Speck geben und weich

dünsten. Etwas abkühlen lassen.
Eier mit Salz, Kümmel und saurer Sahne verquirlen. Unter die Zwiebelmasse rühren und diese auf dem Hefeteig verteilen. Den Kuchen noch einmal gehen lassen, bis er sein Volumen fast verdoppelt hat. Dann in den vorgeheizten Ofen auf die mittlere Schiene stellen und bei 200° etwa 45 Minuten backen. Heiß servieren.
Sie können den Zwiebelkuchen auch ohne Speck zubereiten. Schneiden Sie die Zwiebeln in grobe Würfel, die Sie in 50 g Fett fast weich dünsten. Mischen Sie unter die abgekühlte Zwiebelmasse 3 Eier, die Sie mit 1/8 l süßer und 1/4 l saurer Sahne, Salz und 2 Tl Kümmel verquirlt haben. Die Zwiebelmasse auf dem Hefeteig verteilen und mit schwarzem Pfeffer bestreuen. Lassen Sie den Kuchen noch einmal gehen und backen Sie ihn dann wie oben beschrieben. Zwiebelkuchen schmeckt am besten mit ganz neuem Wein, dem sogenannten Federweißen. Man bekommt den Wein im Herbst im Anbaugebiet selbst oder in größeren Weinhandlungen.

Schinkenhörnchen

1 Paket Tiefkühlblätterteig,
200 g roher Schinken,
50 g Emmentaler,
2 Eier,
1 El süße Sahne,
Salz, schwarzer Pfeffer,
1 El gehackte Petersilie,
1 Eigelb zum Bestreichen

Blätterteig auftauen lassen. Schinken und Emmentaler würfeln. Eier mit Sahne, Salz, Pfeffer und Petersilie mischen. Käse- und Schinkenwürfel unter die Eiermasse rühren. Blätterteig auf bemehlter Arbeitsfläche etwa 3 mm dick ausrollen und in 10 cm große Quadrate schneiden. Quadrate noch einmal diagonal teilen. Die Schinken-Käse-Füllung in einem Streifen an die Längsseite der Dreiecke geben und die Dreiecke von dieser Seite her aufrollen. Auf ein mit kaltem Wasser abgespültes Backblech legen und oben mit Eigelb bestreichen. Im vorgeheizten Ofen (Mittelschiene) bei 220° etwa 20 Minuten backen.

Gruyère-Kuchen

2 Pakete Tiefkühlblätterteig,
200 g Gruyère,
2 Eigelbe zum Bestreichen,
50 g geriebener Gruyère zum Bestreuen

Gruyère in Streifen, dann in dünne Blättchen schneiden. Aufgetauten Blätterteig etwa 3 mm dick ausrollen und die Teigplatten an einer Seite etwa 1 cm übereinander legen. Teig mit den Käseblättchen bestreuen und vorsichtig aufrollen. In Hufeisenform biegen und auf ein kalt abgespültes Backblech legen. Oben mit den verquirlten Eigelben bestreichen und mit dem geriebenen Gruyère bestreuen.
Backblech in den vorgeheizten Ofen auf die mittlere Schiene schieben und den Kuchen bei 220° etwa 40 Minuten backen. Heiß servieren. Sie können den Kuchen auch mit Emmentaler oder einem anderen Hartkäse zubereiten. Bestreuen Sie die Käseblättchen auch einmal mit Paprikapulver oder mit Knoblauchsalz.

Käse-Kissen

1 Paket Tiefkühlblätterteig,
60 g geriebener Hartkäse,
2 Eigelbe zum Bestreichen,
20 grüne Oliven,
Mohn zum Bestreuen

Aufgetauten Blätterteig zu einem Rechteck ausrollen. 20 Stücke von etwa 5 mal 10 cm ausradeln. Die Stücke zur Hälfte mit verquirltem Eigelb bestreichen und auf jedes Stück eine Olive legen. Etwas geriebenen Käse darüberstreuen; dabei bitte darauf achten, daß rundherum etwas Rand frei bleibt. Die Teigecken nun zusammenklappen und an den Rändern gut festdrükken. Mit dem restlichen Eigelb bestreichen und mit Mohn bestreuen. Die Käse-Kissen auf ein kalt abgespültes Backblech legen und im vorgeheizten Ofen auf der mittleren Schiene bei 210° etwa 15 Minuten backen.
Die Käse-Kissen schmekken warm und kalt. Sie sollten sie jedoch nicht lange aufbewahren.

Kleines ABC des Backens

Anis:
wird vor allem in der Weihnachtsbäckerei verwendet, paßt aber auch gut zu Obstkuchen, vor allem Apfelkuchen.
Apricot-Brandy:
Aprikosenlikör. Eignet sich für Cremes und Glasuren.
Arrak:
Edelbranntwein, den man auch für Gebäckfüllungen verwendet. An Kuchenteige gibt man auch Arrak-Aroma, das wie Rum-Aroma in gebrauchsfertiger, flüssiger Form im Handel ist.
Ausbackfett:
Zum Ausbacken (Fritieren) eignen sich nur Fette und Öle, die frei von Wasser, Eiweißstoffen und anderen Spuren sind. Man muß sie auf 190° bis 200° erhitzen können, ohne daß sie rauchen oder verbrennen. Ausbackfette sollte man nicht öfter als dreimal verwenden, da die zurückbleibenden Röststoffe gesundheitsschädlich sind und zudem den Geschmack beeinträchtigen.
Avocado:
Birnenförmige Frucht mit lederartiger grüner oder grünbrauner Schale und großem Kern. Die Avocado stammt ursprünglich aus Südamerika, wird heute aber in allen tropischen und subtropischen Ländern kultiviert. Die Frucht ist sehr fett- und vitaminreich. Reife Avocados erkennt man daran, daß die Schale bei Fingerdruck etwas nachgibt. Für Obstkuchen püriert man das Fruchtfleisch mit Zitronensaft und Sherry. Puderzucker und steif geschlagene Sahne unterziehen und die Masse auf einen Obstkuchenboden streichen. Darauf legt man Obst und verziert den Kuchen mit Schlagsahne.
Backaromen:
Dazu gehören Arrak-Aroma, Backöl Zitrone, Bittermandel-Öl, Rum-Aroma und Vanillinzucker. Vor allem Bittermandel-Öl muß sparsam dosiert werden.
Backformen:
Im Handel sind Formen aus Weiß- und Schwarzblech, Aluminiumformen, beschichtete Formen, Glasformen, Keramik- und Steingutformen sowie Tonformen. Weißblech und Aluminium sind gute Wärmeleiter, brauchen aber mehr Hitze; sie eignen sich besonders für Gasherde. Schwarzblechformen bräunen sehr gut, da sie die Hitze an das Backwerk weitergeben. Beschichtete Formen haben nichts mit der Fähigkeit zur Wärmeleitung zu tun. Ihr Vorteil: Sie lassen sich gut säubern, und der Kuchen löst sich leicht aus der Form. Keramik- und Steingutformen speichern die Hitze und eignen sich für Teige, die langsam backen müssen, also Rührteige und schwere Hefeteige.
Das gilt auch für Glasformen; außerdem bräunt darin das Backwerk nicht stark. Glasformen müssen gut gefettet werden und sollen immer auf der unteren Schiebeleiste stehen. In Tonformen gelingen nur zuckerarme Hefeteige, vor allem Brotteige. Tonformen müssen gewässert werden, bevor man den Teig einfüllt. Man stellt sie in den kalten Backofen.

Backherd:
Abgesehen von den neuen Umluft- oder Heißluftherden muß der Elektro-Backofen immer auf die entsprechende Temperatur vorgeheizt werden. Das dauert etwa 10 bis 20 Minuten. In den Gasherd kann das Gebäck kalt, also gleich nach dem Zünden und Einstellen des Temperaturreglers eingeschoben werden. Kuchenbleche und Roste müssen immer an die Rückwand anstoßen, da das Gebäck sonst ungleichmäßig bräunt.
Backmischungen:
Die fertigen Backmischungen, die von verschiedenen Herstellern im Handel sind, lassen sich problemlos und schnell in vorzügliche Kuchen und Torten verwandeln. Eier und Wasser, je nach Hersteller und Backmischung auch Fett und Milch müssen zugegeben werden. Bitte halten Sie sich unbedingt an die Packungsvorschrift. Sie werden in unserem Rezeptteil sehen, daß sich Kuchen aus Backmischungen auf vielerlei Arten variieren lassen.
Backoblaten:
Dünnes Gebäck aus ungesäuertem Wasser-Mehl-Teig, rund oder eckig im Handel. Man verwendet Backoblaten als Unterlage für Lebkuchengebäck und Makronen.
Backpulver:
Triebmittel, das vorwiegend aus Natriumkarbonat besteht. 1 Päckchen reicht für 500 g Mehl. Man sollte nie zuviel Backpulver an den Teig geben; das beeinträchtigt den Geschmack.
Backzeiten:
Leider kann in keinem Rezept die exakte Backzeit angegeben werden, da die Zeiten je nach Herd unterschiedlich sind. Deshalb sollten Sie zur Sicherheit immer die »Stäbchenprobe« (Garprobe) machen: Stecken Sie etwa 5 Minuten vor Ende der angegebenen Backzeit ein Holzstäbchen in die Mitte des Kuchens und ziehen Sie es wieder heraus. Haftet kein Teig mehr daran, ist der Kuchen gar.
Für Herde ohne Temperaturregler gelten folgende Werte für Oberhitze (OH) und Unterhitze (UH):
OH3 / UH1 = 175°; OH3 / UH2 = 200°; OH3 / UH3 = 225°. Für Gasherde gelten diese Einstellungen: Stufe 2 = 175°; Stufe 3 = 200°; Stufe 4 = 225°.
Baisers:
Auch Meringen oder, als Baiserboden oder -torte, Vacherin genannt, bestehen aus Eiweiß, Zucker und Geschmackszutaten. Sie werden bei schwacher Hitze mehr getrocknet als gebacken, damit sie schön weiß bleiben.
Biskuit:
Wichtigster Bestandteil sind die Eier, die dem Teig die lockere Konsistenz geben. Manchmal wird auch Butter, zerlassen und wieder abgekühlt, an den Teig gegeben. Biskuit ist empfindlich, gelingt aber mit ein paar Kniffen immer: Stellen Sie das Eiweiß bis zur Verarbeitung kalt, dann läßt es sich besser schlagen; mischen Sie Mehl, Backpulver und Speisestärke und sieben Sie das Ganze auf den Eischnee; heben Sie Eischnee und Mehl-Gemisch nur locker, ohne zu rühren, unter die Eigelbcreme; fetten Sie nur den Boden der Springform und backen Sie den Biskuit sofort; öffnen Sie die ersten 20 Minuten keinesfalls die Backofentüre. Biskuitrollen stürzen Sie nach dem Backen sofort auf ein mit Zucker bestreutes Küchentuch und rollen die Teigplatte auf. Lassen Sie die Rolle so im Tuch erkalten, sonst bricht sie beim Abrollen und Füllen.
Blätterteig:
Grundbestandteile sind Mehl, Wasser und Fett. Heute kauft man Blätterteig tiefgefroren und erspart sich die aufwendige, zeitraubende Zubereitung. Blätterteiggebäck darf nur an der Oberseite mit Eigelb bestrichen werden, da es sonst nicht aufgeht.
Borkenschokolade:
Schokolade, die in einem speziellen Verfahren hergestellt wird. Man erhält sie in gut sortierten Lebensmittelgeschäften und in Süßwarenläden.
Brandteig:
Grundbestandteile sind Wasser, Fett, Mehl und Eier. Die Bezeichnung ergibt sich aus der Zubereitungsart: Der Teig wird bei starker Hitze »abgebrannt«. Die genaue Beschreibung finden Sie im Rezept »Eberswalder Spritzkuchen« auf Seite 85.
Butter:
Obwohl wir in den Rezepten meistens Butter angegeben haben, bleibt es Ihrem persönlichen Geschmack über-

lassen, ob Sie den Kuchen mit Butter oder Margarine zubereiten. Nur Buttercreme sollten Sie mit reiner Butter zubereiten.

Buttercreme:
Echte Buttercreme besteht aus Butter, Zucker und Geschmackszutaten und ist dementsprechend kalorienreich. Wir verwenden in unseren Rezepten meist die sogenannte »falsche« Buttercreme, die mit Pudding oder Speisestärke und Butter zubereitet wird. Wichtig ist, daß alle Zutaten dieselbe Temperatur haben, da die Creme sonst gerinnt. Geronnene Buttercreme können Sie noch retten, indem Sie sie bei milder Hitze kräftig mit dem elektrischen Rührgerät durchschlagen.

Eier:
Unsere Rezepte beziehen sich auf mittelgroße Eier (ca. 60 g). Verwenden Sie größere oder kleinere Eier, so müssen Sie das unterschiedliche Gewicht ausgleichen, indem Sie weniger beziehungsweise mehr Flüssigkeit zugeben oder nur das Eigelb verwenden. Schlagen Sie Eier immer zuerst einzeln in einer Tasse auf, um ihre Frische zu prüfen.

Einfrieren:
Grundsätzlich gilt, daß man Kuchen und Torten am besten ohne Glasur und Füllung einfriert und erst nach dem Auftauen servierfertig anrichtet. Sie können aber auch fertig garnierte Torten mit Creme- oder Sahnefüllung einfrieren. Frieren Sie die Torte zuerst vor, damit die Garnierung nicht zerstört wird. Dann in Alufolie oder Klarsichtfolie fest verpacken und einfrieren. Kuchen ohne Glasur wird noch warm vepackt und eingefroren; ebenso Obstkuchenböden. Den Obstbelag verpacken Sie gesondert in Folie und frieren ihn mit ein. Torten lassen Sie 3 bis 4 Stunden bei Zimmertemperatur auftauen, Kuchen 5 bis 20 Minuten in dem auf 75° erwärmten Backofen. Nicht einfrieren können Sie: Baisers, Makronen, mehlarme Biskuitböden oder -torten, Torten mit Gelatine, Tortenguß, Puddingcremes, Zucker-Glasur und Krokant.

Eischnee:
Eischnee gibt mehlfreien Teigen Halt und macht den Teig leicht und locker. Verwenden Sie zum Schlagen ein hohes, fettfreies Gefäß. Auch die Rührbesen müssen vollkommen fettfrei sein. Wenn Sie das Eiweiß vor der Verarbeitung kalt stellen und einen Teelöffel Sahnefestiger oder Zitronensaft beimengen, wird der Schnee schneller steif und hat mehr Halt. Eischnee darf nie unter den Teig gerührt, sondern muß immer untergehoben werden.

Elektrische Rührgeräte:
Das sind fast unentbehrliche Helfer beim Backen. Doch nicht bei allen Teigen erzielen Sie damit die besten Ergebnisse. Für Rührteige, Biskuit-, Baiser- und Makronenmassen sind elektrische Rührgeräte ideal. Hefeteig dagegen bereiten Sie besser mit der Hand zu, denn die Hefe als lebende Substanz braucht Wärme, um ihre Triebkraft entfalten zu können. Auch Brandteig gelingt besser mit der Hand, da zu langes Rühren die Triebkraft der Eier vermindert. Das gilt übrigens für alle Teige; achten Sie deshalb gerade bei Rührgeräten darauf, daß Sie den Teig nicht »überrühren«: Sobald Sie Eier oder Eigelbe an den Teig gegeben haben, sollten Sie nicht länger als 2 Minuten rühren.
Mürbeteig kneten Sie schneller mit der Hand. Wenn Sie nämlich ein Rührgerät verwenden, muß das Fett weich sein und der Teig später umso länger ruhen. Eischnee schlägt man mit dem Rührbesen.

Exotische Früchte:
siehe unter Avocado, Kiwi, Kumquat, Litschi, Mango.

Fritieren:
Garen von Gebäckstücken (oder anderen Lebensmitteln) schwimmend im heißen Fett. Wichtig ist, daß Sie genügend Fett verwenden (siehe Rezeptteil). Wenn Sie keine elektrische Friteuse besitzen, können Sie auf zwei Arten prüfen, ob das Fett die richtige Temperatur hat: 1. Halten Sie einen Holzlöffel ins Fett. Wenn am Holz kleine Bläschen aufsteigen, ist die Temperatur erreicht. 2. Geben Sie ein Stückchen Weißbrot ins Fett. Bräunt das Brot sehr schnell, können Sie mit dem Fritieren beginnen. Geben Sie die Gebäckstücke einzeln ins Ausbackfett und beschöpfen Sie sie ständig damit. Ist das Gebäck gar, so legen Sie es zum Abtropfen auf Küchenpapier. Bräunt das Gebäck mit der Zeit zu schnell, müssen Sie die Temperatur verringern und eventuell den Topf kurz vom Feuer nehmen.

Gebäckaufbewahrung:
Blätterteig- und Hefegebäck sowie Baisers sollten möglichst rasch verzehrt werden. Kuchen halten sich in Alufolie oder gut schließenden Kunststoffbehältern bis zu einer Woche. Was dann noch übrig ist, verarbeiten Sie zu Kuchenbröseln und verwenden diese zum Backen. Ausgenommen davon sind natürlich Kuchen mit Füllung oder Glasur. Torten mit Sahne- oder Cremefüllung halten sich auch im Kühlschrank höchstens 2 Tage. Auch Obstkuchen sollten spätestens am dritten Tag verzehrt sein, sonst weicht der Boden durch und die Sahnegarnierung schmeckt nicht mehr. Weihnachtsplätzchen bewahren Sie in Plastikbeuteln oder gut schließenden Blechdosen auf. Lebkuchengebäck und Gebäck aus Honigteig, das nach dem Backen meistens hart wird, lassen Sie über Nacht an feuchter Luft liegen oder legen einen Tag lang ein Stückchen Apfel mit in die Dose. Das weiche Gebäck bewahren Sie dann in Blechdosen oder Steinguttöpfen auf, die Sie mit einem feuchten Küchentuch bedeckt haben. Stollen, die 4 Wochen vor Weihnachten gebacken sein sollten, werden ebenso aufbewahrt.
Gekühlte Fertigteige:
Gebrauchsfertige Teige in süßer oder salziger Geschmacksrichtung, mit oder ohne Füllungen. Sie lassen sich schnell in leckeres Gebäck verwandeln (siehe Seite 112).
Gelatine:
Sie kommt rot oder weiß als Blattgelatine oder als Pulver in den Handel. Lassen Sie Blattgelatine immer in kaltem Wasser 10 Minuten quellen. Dann ausdrücken und in der heißen Creme auflösen. Bei kalt zubereiteten Füllungen oder Cremes geben Sie die gequollene Gelatine in einen Topf und lösen sie unter Rühren bei milder Hitze auf. Etwas abkühlen lassen und unter die Creme oder Sahne rühren. Gelatine darf niemals kochen, sonst verliert sie ihre Gelierfähigkeit.
Geräte:
An Geräten brauchen Sie zum Backen: 2 Schüsseln aus Kunststoff, Porzellan oder Edelstahl; Rührlöffel (am besten mit Loch) und/oder elektrisches Rührgerät; 1 Teigschaber aus Kunststoff; 1 Reibe für Zitronenschale; Küchenwaage; Nudelholz; 2 Backpinsel zum Fetten der Form und zum Bestreichen des Gebäcks; Spritzbeutel mit verschiedenen Tüllen; Teigrädchen; Ausstecher für Kleingebäck; verschiedene Kuchenformen; 2 Backbleche.
Gewürze:
Auch zum Backen braucht man Gewürze. Dazu gehören Anis, Backaromen, Ingwer, Kardamom, Lebkuchengewürz, Muskatblüte, Nelkenpulver, Piment, Safran, Salz, Vanille- und Vanillinzucker, Zimt, Zitronenschale. Schlagen Sie bitte unter den entsprechenden Stichwörtern nach. Gewürze sollten Sie nur in kleinen Mengen kaufen und luftdicht aufbewahren.
Glasur:
Man überzieht Gebäck mit Glasur oder Guß, um es haltbarer zu machen. Außerdem wird es dadurch saftiger und schmeckt besser.
Gruyère:
Hartkäse mit höchstens 56% Wasser in der fettfreien Käsemasse. Der Geschmack ist aromatisch und läßt sich mit dem von Emmentaler vergleichen.
Hefe:
Das organische Triebmittel besteht aus Hefezellen, die sich durch Abstoßen von Tochterzellen vermehren. Dazu brauchen sie vor allem Wärme, Zucker, Feuchtigkeit und Luft. Frische Hefe muß hellgrau, trocken und fest sein. Sie ist in Würfeln von 30 bis 40 g im Handel. Bei Trockenhefe achten Sie bitte auf das Haltbarkeitsdatum. 1 Päckchen Trockenhefe (7 g) entspricht 25 g frischer Hefe.
Hefeteig:
Teig, bei dem ein biologisches Triebmittel (im Gegensatz etwa zum chemischen, dem Backpulver) verwendet wird. Beim Hefeteig setzt man gewöhnlich einen sogenannten »Vorteig« an. Dazu verrührt man die zerbröckelte Hefe mit etwas Zucker, lauwarmer Flüssigkeit und Mehl. Der Vorteig bleibt an einem warmen Ort stehen, bis die Hefezellen sich deutlich vermehrt haben. Bei der Zubereitung eines Hefeteiges muß man 6 Punkte beachten:
1. Nicht zuviel Zucker zum Vorteig geben, sonst sterben die Hefezellen an »Überfütterung« ab; 2. kein Salz mit der Hefe selbst in Berührung bringen; 3. Hefe verträgt

kein Fett, deshalb das Fett immer mit Mehl vermischt zugeben oder am Schluß unterkneten; 4. Hefe braucht Wärme, aber nicht zuviel. Bei mehr als 55° sterben die Hefezellen ab; 5. dem Hefeteig muß Luft zugeführt werden. Deshalb sollte man ihn mit einem Holzlöffel kräftig schlagen oder mit den Händen gut durchkneten; 6. Hefeteig muß dreimal gehen: zuerst der Vorteig, dann der fertig geknetete Teig und schließlich die geformten und/oder belegten Gebäckstücke.

Hirschhornsalz:
Lockerungs- und Backtriebmittel für flaches Gebäck. Man löst es in wenig Wasser auf und gibt es an den Teig. Für 500 g Mehl reichen 8 g.

Honig:
Bienenhonig sollte niemals aufgekocht, sondern immer nur bei milder Hitze erwärmt werden. Honigkuchenteig klebt, solange er frisch ist. Lassen Sie ihn deshalb vor der Verarbeitung etwas ruhen, jedoch nicht im Kühlschrank, sonst brauchen Sie geraume Zeit, bis Sie den steinharten Teig wieder weichgeknetet haben. Notfalls können Sie Bienenhonig durch Kunsthonig ersetzen.

Ingwer:
Wurzelstock der Ingwerpflanze. Kommt gemahlen, kandiert, eingelegt oder als Ingwerkonfekt in den Handel. Ingwer ist in Geruch und Geschmack sehr intensiv und sollte sparsam dosiert werden. Er paßt gut zu Obst- und Rührkuchen.

Kardamom:
Teures Gewürz, das aus Indien stammt. Man verwendet es in der Weihnachtsbäckerei.

Kiwi:
Die Frucht ist etwas größer als eine Pflaume und hat eine dicke, dunkelbraun-graue, behaarte Haut. Im Geschmack erinnert sie an Stachelbeeren. Frische Kiwis werden geschält, in Scheiben geschnitten und als Obstkuchenbelag verwendet (siehe Rezept Seite 51).

Kumquat:
Die Frucht stammt aus China, ist goldgelb und wird auch als Zwergpomeranze bezeichnet. Bei uns kommt sie frisch oder in gesüßtem Sirup in den Handel. Sie schmeckt herbsüß, ein wenig nach kandierten Orangen und eignet sich als Garnierung für Obstkuchen (siehe Rezept Seite 51).

Lebkuchengewürz:
Fertige Gewürzmischung. 1 Päckchen reicht für 500 g Mehl.

Limone:
Grünschalige, äußerst saftige Verwandte der Zitrone.

Litschi:
Kirschgroße Frucht mit spröder, scharlachroter Schale. Sie stammt ursprünglich aus China. Bei uns werden die Früchte vor allem geschält in Dosen angeboten. Man belegt einen mit Weinbrand getränkten Obstkuchenboden mit Litschis und anderen, möglichst herb-süßen Früchten. Mit dem Sirup bereitet man den Tortenguß.

Mango:
Die Frucht sieht aus wie eine Birne mit gelbgrüner oder orangegrüner Schale. Mangos sollten immer mit etwas Zitronensaft aromatisiert werden. Die Frucht eignet sich für saftige Obstkuchen oder, püriert und vermischt mit Schlagsahne, als Obsttortenfüllung. Sie erhalten Mangos auch eingelegt in Dosen.

Marzipan-Rohmasse:
besteht aus Mandeln und Zucker und wird als Teigzutat oder Füllung verwendet. Man verfeinert sie meist mit Puderzucker und Rum.

Mohn:
Man kauft Mohn meistens gemahlen. Er darf nicht zu lange lagern, sonst wird er ranzig.

Mürbeteig:
auch Knetteig genannt. Mürbeteig wird mit viel Fett (2 Teile Fett auf 4 Teile Mehl) und ohne Flüssigkeit zubereitet. Alle Zutaten müssen kalt verarbeitet und der Teig muß vor dem Formen gekühlt werden. Mürbeteigböden müssen vor dem Backen einige Male eingestochen werden, damit die Luft beim Backen entweichen kann und sich keine Blasen bilden.

Muskatblüte:
Das Gewürz ist gemahlen im Handel und eignet sich für Obstkuchen, Hefekuchen und Weihnachtsgebäck.

Nelken:
Gewürznelken (auch als Pulver im Handel) müssen sehr

sparsam dosiert werden. Apfelkuchen, Gewürzkuchen und Lebkuchen geben sie den letzten Pfiff.
Orangeat:
Man gewinnt es aus den Schalen der Bitterorangen und Pomeranzen. Die Früchte werden entsalzt, blanchiert und dann in Zuckerlösungen von steigendem Konzentrat kandiert.
Piment:
wird auch als »Allerleigewürz« bezeichnet, da es mehrere Geschmackskomponenten in sich vereinigt. Eignet sich für Gewürzkuchen und Weihnachtsgebäck.
Pottasche:
Das Triebmittel wird wie Hirschhornsalz verarbeitet und für flaches Gebäck verwendet.
Rührteig:
besteht meist aus gleichen Teilen Fett und Zucker und der doppelten Menge Mehl und Stärke. Flüssigkeit darf nur so viel zugegeben werden, daß der Teig zäh ist und schwerreißend vom Löffel fällt. Wichtig ist das Rühren: Es muß so viel Luft in die Backzutaten gepumpt werden, daß diese sich sehr fein verteilen und den schweren Teig beim Backvorgang in die Höhe treiben.
Safran:
Gewürz und Farbstoff, entweder als Fäden oder in Pulverform im Handel. Die Fäden müssen vor der Weiterverarbeitung in heißem Wasser aufgelöst werden. Safran ist lichtempfindlich.
Salz:
Salz ist auch beim Backen unentbehrlich. Vor allem Hefe- und Rührteige schmecken ohne Salz fade.
Schokoladenkuvertüre:
Schokoladenüberzug mit unterschiedlichem Kakaobutter-Gehalt. Sie wird im Wasserbad erwärmt, bis sie flüssig ist.
Sherry:
auch Jerez- oder Xereswein genannt. Dessertwein aus der spanischen Provinz Cadiz.
Speisestärke:
wird aus Mais oder Reis gewonnen und kommt vor allem unter den Bezeichnungen Maizena, Gustin und Mondamin in den Handel. Speisestärke macht die Krume des Gebäcks feiner. Man verwendet sie auch bei der Zubereitung von Cremes und zum Eindicken von Fruchtsäften.
Stäbchenprobe:
siehe Backzeiten.
Strudelteig:
besteht aus Wasser, Mehl, Fett, Salz und Ei. Der Teig muß einige Zeit unter einer warmen Schüssel ruhen, damit er so geschmeidig wird, daß man ihn hauchdünn ausziehen kann.
Tortenguß:
rotes oder weißes Gelierpulver zum Überziehen von Obstbelägen.
Vanillezucker:
Man stellt ihn her, indem man das Mark einer Vanilleschote ausschabt und mit feinem Zucker vermengt. Vanillezucker kommt teurer als der synthetisch hergestellte *Vanillinzucker,* gibt aber Teigen, Cremes und Schlagsahne ein feineres Aroma.
Zimt:
Getrocknete Rinde des lorbeerähnlichen Zimtbaumes oder -strauches. Kommt als Pulver oder Stangen in den Handel. Paßt zu Obstkuchen, Plätzchen und Lebkuchen.
Zitronat:
wird aus den Früchten des Zitronatzitronenbaumes ebenso wie Orangeat hergestellt.
Zitrone:
Da Sie heute kaum noch unbehandelte Zitronen kaufen können, müssen Sie die Schale vor der Verarbeitung fest unter heißem Wasser abreiben.

Register

Bildnachweis:
Art Reference: S. 12, 16, 18, 20, 22, 23, 24, 25, 26, 31, 33, 48, 50, 51, 53, 55, 60, 64, 67, 72, 74, 80, 81, 108, 117; Fischer: S. 11, 43, 45, 116, Umschlagvorder- und -rückseite; Gruner & Jahr: 39, 58, 70, 86, 88, 100; Kaltenbach: S. 65; Likörfabrik Kosakenkaffee: S. 59, 93, 95; Kraft GmbH: S. 68, 76, 82, 92; Lauert: S. 28, 42, 73; meine Familie & Ich: S. 13, 14, 19, 27, 32, 34, 37, 38, 40, 44, 46, 47, 52, 57, 62, 79, 84, 87, 90, 91, 94, 97, 102, 103, 104, 106, 110, 113, 114, 115; Stengel: S. 15, 66, 83, 98.